50 ACTIVITÉS
POUR
PHILOSOPHER
AVEC SES ENFANTS

兒童哲學好好玩

和孩子一起讀童話、玩手作的
50個思辨小遊戲

芬妮‧布里雍 Fanny Bourrillon　　安姬‧嘉德亞 Angie Gadea —著　　張喬玫—譯

國家圖書館出版品預行編目 (CIP) 資料

線上版讀者回函卡

兒童哲學好好玩：和孩子一起讀童話、玩手作的 50 個思辨小遊戲 /
芬妮．布里雍 (Fanny Bourrillon), 安姬．嘉德亞 (Angie Gadea) 著；
張喬玟譯. -- 一版. -- 臺北市：商周出版：英屬蓋曼群島商家庭
傳媒股份有限公司城邦分公司發行, 2021.10
面；　公分. --（商周教育館；49）
譯自：50 activités pour philosopher avec ses enfants
ISBN 978-626-318-026-0(平裝)

1. 哲學 2. 兒童學 3. 通俗作品

103　　　　　　　　　　　　　　　110016503

商周教育館 49

兒童哲學好好玩：和孩子一起讀童話、玩手作的 50 個思辨小遊戲

50 activités pour philosopher avec ses enfants

作　　者／芬妮．布里雍（Fanny Bourrillon）、安姬．嘉德亞（Angie Gadea）
翻　　譯／張喬玟
企畫選書／彭子宸
責任編輯／彭子宸

版　　權／黃淑敏、吳亭儀
行銷業務／周佑潔、黃崇華、張媖茜
總 編 輯／黃靖卉
總 經 理／彭之琬
事業群總經理／黃淑貞
發 行 人／何飛鵬
法律顧問／元禾法律事務所 王子文律師
出　　版／商周出版
　　　　　台北市 104 民生東路二段 141 號 9 樓
　　　　　電話：(02) 25007008　　傳真：(02)25007759
　　　　　E-mail:bwp.service@cite.com.tw
發　　行／英屬蓋曼群島商家庭傳媒股份有限公司城邦分公司
　　　　　台北市中山區民生東路二段 141 號 2 樓
　　　　　書虫客服服務專線：02-25007718；25007719
　　　　　服務時間：週一至週五上午 09:30-12:00；下午 13:30-17:00
　　　　　24 小時傳真專線：02-25001990；25001991
　　　　　劃撥帳號：19863813；戶名：書虫股份有限公司
　　　　　讀者服務信箱：service@readingclub.com.tw
　　　　　城邦讀書花園：www.cite.com.tw
香港發行所／城邦（香港）出版集團有限公司
　　　　　香港灣仔駱克道 193 號；E-mail: hkcite@biznetvigator.com
　　　　　電話：(852) 25086231　　傳真：(852) 25789337
馬新發行所／城邦（馬新）出版集團【Cite (M) Sdn Bhd】
　　　　　41, Jalan Radin Anum, Bandar Baru Sri Petaling,
　　　　　57000 Kuala Lumpur, Malaysia.
　　　　　電話：(603) 90578822　　傳真：(603) 90576622

封面設計／斐類設計工作室
排版設計／洪菁穗
印　　刷／中原造像股份有限公司
經 銷 商／聯合發行股份有限公司
　　　　　地址：新北市 231 新店區寶橋路 235 巷 6 弄 6 號 2 樓
　　　　　電話：(02)2917-8022 傳真：(02)2911-0053

■ 2021 年 10 月 28 日一版一刷
ISBN 978-626-318-026-0　Printed in Taiwan　eISBN9786263180284（EPUB）
定價 500 元

目錄

兒童哲學教會大人的事

褚士瑩 ｜ 知名作家、國際NGO工作者

　　身為一個在戰區從事和平工作的NGO工作者，我為了解決工作專業上遇到的瓶頸，幾年前開始到法國去上哲學課。自從學習哲學後，卻意外開啟了一扇窗，通向一個未知的精彩世界，那個世界叫做「思考」。

　　這幾年，思考也逐漸成為我這輩子相見恨晚的好朋友。

　　就像我的哲學老師不斷強調的，哲學並不是一種「天賦」，而是一種「技術」。好比開車，雖然要成為F1賽車手，需要天份跟運氣，不是每個人都能做到的，但要成為一個會開車的人，而且在路上開得不錯，幾乎人人都能做到。只要透過學習，就能達到一定的程度，接下來不斷練習，就會快速進步、變得熟練。

　　學習木工、語言、或是學習任何一樣樂器，都是同樣的道理，思考能力也是。

　　如今，我除了把哲學使用在工作上進行人員訓練、哲學諮商、非暴力溝通，還可以使用在人事、生態、語言、行銷上。唯一覺得遺憾的，就是為什麼我小時候，沒有機會像法國的孩子一樣，從學齡前就開始學習思考呢？

　　也因此，我在法國接觸了更多「兒童哲學（Philosophy for Children）」這個專門領域的專家，也開始向他們學習更多的法國哲學老師進行教法和教案的交流，包括國際教科文組織（UNESCO）下設的非營利科學協會國

際教育學會（IAE）。我們也都會根據交流討論的成果，每年寒暑假在不同的國家進行不同年齡段的兒童、青少年的哲學思考夏令營。簡單來說，老師或是家長在帶領思考的原則，就是要有意識地將自己從傳統的「傳遞知識」的「大人」角色上退出，盡量保持沉默，尊重傾聽學生的意見，創造一個安全、信任的環境，知道所有必要的交流，都是為了支持想法的「流」能夠像泉水般不斷湧現，為孩子的表達留出足夠的空間，讓孩子們可以清楚地表達他們想說的話。

　　具體來說，教師跟家長需要把握這六個原則：

一、給學生充分的「思考時間」，不要害怕沉默，不用急著用話語填滿時間，思考不是「快問快答」的競賽。

二、有效提問，確認問題是開放式的，不是追問、拷問「正確答案」，並且精簡控制問題在15個字內。

三、設立思考的框架，確認思考的內容合乎邏輯跟常識，理解「天馬行空」的幻想並不是邏輯思考。

四、詢問在場所有人，讓孩子也可以看到其他人的觀點。所以座位安排上，盡量圍成一個圓形，讓每個人都可以看見彼此的反應、關注彼此的想法。

五、認真傾聽。傾聽不是為了利用對方說出的內容來推翻對方的觀點，而是聽見對方說的話，為什麼有可能是對的。

六、不加評判，暫時懸置判斷，中性對待每一句話，不用社會道德，或是特定的宗教、倫理價值觀點來評斷對方說的話。

而孩子也要有意識的在討論過程中，訓練自己做到這五件事：

一、提出開放和有吸引力的問題，也就是問題要「有趣」，而不能只是在
　　徵求「正確答案」。

二、對於無法充分理解的詞語或想法，立刻尋求「澄清」的習慣。

三、對每一個觀點，都能提供一到三個「證據」和「例子」。

四、比較「異」「同」的能力。

五、對自己所說的觀點，進行「總結」和「評估」的能力。

　　雙方把握了這些簡單的遊戲規則，就可以開始思考任何的困難問題
了，比如：為什麼晚上會作夢？什麼是愛？我們為什麼要死？動物和人類
有什麼區別？世界是怎麼來的？承認吧！大人並不比孩子更知道這些問題
的答案，所以為什麼要急著到網路上去搜尋「正確答案」，來打發對這個
世界開始進行探索的孩子呢？更進一步反思自己，身為大人的我們，為什
麼變得如此習慣用正確答案來打發自己呢？

　　兒童哲學不只教大人如何看見孩子，教孩子如何看見自己的想法，也
在教導大人如何看見自己，看見世界。

　　這本由法文《50 ACTIVITÉS POUR PHILOSOPHER AVEC SES
ENFANTS》直譯的兒童哲學新書《兒童哲學好好玩》就是其中非常好的現
成教案，即使沒有接受過完整哲學訓練的老師或是家長，只要按照書中的
步驟，也可以充分地達到引導思考的效果。別忘了，需要思考的從來就不
只是兒童，更是跟孩子在一起的大人。

進入充滿創意的思考世界

蔡言函 | 台大兒童哲學研發中心兒童哲學與創作課程負責人

從事兒童哲學教育的這些年，常常被問起「兒童哲學」是什麼？真的可以和孩子們探討哲學問題嗎？師長如何帶領孩子進行思考與討論？本書並沒有直接對於這樣的問題進行分析與闡述，但神奇的是，每一位讀者卻都能在閱讀的過程中找到答案，且在其中獲得豐富的樂趣。接下來，我想和即將開始閱讀並跟隨這本書一同創作的你，分享《兒童哲學好好玩》的三大有趣之處：

首先，顧名思義，讀者一定會在這本《兒童哲學好好玩》的書裡「玩」得很開心。七大章節的編排，如同七趟探索之旅，在思考中發揮創意，在活動與創作中進一步反思，無論是成人或是孩子，皆能感受到因「思考」而帶來的趣味。從夢、自然、動物、愛、容忍與自由、生命和死亡、宇宙等等，各個值得思索的主題，讓我們對於這個世界與自我進行了不同面向的探討。更值得注意的是，這本書結合了多方面的創作方式，讓成人帶領著孩子，甚至是身為帶領者或是教學者，同樣都能暢遊於各項思考與手作活動中，最後的成果就是將抽象的想法具體呈現的珍貴記錄，這樣的過程著實令人著迷。

接著，讀者能在這本書中獲得豐富的知識與藝術體驗。《兒童哲學好好玩》成功地呈現了何謂「在遊戲中學習」，當讀者在開始進行活動前，必須先思考作者根據不同主題設計的問題，在活動的過程中，將有進階的發現，直到完成作品或是結束遊戲，還能閱讀更多的補充知識。例如不同

哲學家的觀點、世界著名的作品、理論，和寓言故事等，讀者能輕易地接觸到不同角度的想法，或許也能體會到「原來我和某某哲學家注意到一樣的問題」的驚奇感。另外，針對藝術體驗的部分，本書的「創作」環節結合了多元的藝術領域，例如涉及異國文化、發現自然之美等，極具特色的手作、探索內心的藝術治療小活動、運用各種媒介的創造與創作……，能閱讀並「經歷」這樣的一本書中，是相當過癮的。

最後，這本書讓哲學更貼近我們的生活。《兒童哲學好好玩》提供了一個全新的機會，開啟思考之門，以平易近人的方式，開始了對於龐大議題的探討，使每一位讀者滿載而歸，並且帶著一切收穫，繼續在自己的生命中前行。或許在孩子成長的途中，會有那麼幾個時刻，想起曾經藉由本書思索的各個問題，還有那些屬於自己的答案，或是也能透過已經完成的作品，提醒著自己這個世界存在無限的可能。

很高興在教學與推廣兒童哲學的這一條路上，能接觸到如此精采的著作，在專業及創意間達到了完美平衡。本書對於我的「兒童哲學與創作」課堂，也有了更多的啟發。很期待所有閱讀《兒童哲學好好玩》的讀者，都能體會到上述樂趣，享受它帶來的歡樂時光。誠心推薦此書給所有家長、兒童哲學和思考教育的教學者、帶領者，以及每一位不停止思考、對於世界充滿好奇心與創意的孩子。

兒童哲學，就是這麼好玩

蔡宜珍｜兒童哲學創意實驗課負責人

　　大家好，我是珍奶老師。自從我開始推廣兒童哲學之後，親朋好友總是對這個課程充滿好奇，我知道這些黑人問號也曾漂浮在許多家長的頭上。為了讓大家對兒童哲學有初步認識，我們先來看一段Q&A吧：

哲學很難吧！你確定，小朋友聽得懂嗎？

A： 其實不會很難喔，哲學是很生活化的，我們會和小朋友聊聊幸福、尋找夢想、找出和動物最棒的相處模式、在故事中一起判斷主角們誰對誰錯⋯⋯，像這些哲學主題，小朋友不只聽得懂，還能直指核心，一針見血。

哲學，是算命嗎？

A： No, No. 即使是中國哲學《易經》中的八卦，也有值得我們去學習的深刻道理，不是單純給明牌這麼簡單的啦！

哲學是所有學問的根源，要教小朋友這些，老師很厲害耶！不過，我很好奇這課是怎麼上的？

A： 感謝支持！（珍奶老師雙眼發散出少女漫畫中特有的閃亮光芒，開啟長舌模式⋯⋯）我們會運用生動活潑的方式，例如說故事、玩遊戲，吸引小朋友注意，一步步引導大家進入議題的核心。在安心表達的氣氛下，鼓勵孩子分享意見。（通常這時候，大家都坐不住了，很多小

朋友會站起來舉手或是直接衝到講台前，急著表達自己的想法。）最後，我們帶領小小哲學家們將獨一無二的想法，以創意繪畫、DIY手作等方式呈現出來，化抽象思想成為更多可愛的作品，將理性與感性雙重結合與發揮。或是舉辦小小公民會議，來個大投票，或是在教室外，實踐體驗式教學。我跟你說，兒童哲學課，真的很好玩！

看了上面的說明，是不是跟您原先想像的兒童哲學，很不一樣呢！此外，有些朋友和家長會好奇，兒童哲學的課程能帶給孩子什麼幫助？這是一個好問題。在課堂上，老師們會使出渾身解數，想盡辦法鼓勵小朋友動動腦，找出自己的答案，就是為了培養孩子「獨立思考」的能力。因為一個會思考的人，才有自由可言。否則就像機器人，受制於程式設定，或是被網路風潮、假權威所綁架，失去個人的獨特性。

就培養獨立思考的特點而言，這本書針對不同年齡層的孩童，設計適齡的提問和遊戲。在每個小活動之後，又繼續拋出新問題，引領小朋友的思緒延伸到更多元、更廣闊的層面上。這是個重要的設計，讓大小讀者在不知不覺中，迷上思考，享受尋找答案的樂趣。

令人驚豔的還有內容非常豐富，涉及生物知識、科學、心理學家、社會關懷、神話、文學……，讀著讀著，您可能會以為自己拿到一本世界文明小百科，其實，這正好說明哲學所關心的對象，絕非遙不可及的彼方，

而是生活世界中真真切切的人事物。同時，我們也必須懷抱感謝，正是這片多采多姿的文化沃土，滋養著我們每個人。無論是親子自學或是專職教師授課，這本書都提供了豐厚素材，足夠拓展孩子們的世界觀。相信我們也能在實際付出關懷的行動中，培養出真正有愛的溫暖靈魂。

　　期待每個孩子活出自己的樣貌，不妨就從這本有超多好玩遊戲、讓大腦想不停、想得快爆炸的《兒童哲學好好玩》開始吧！

開始使用本書之前

　　這本書邀請你們和孩子共度一段深入且創意十足的歡樂時光。它是一位盟友，在你們與孩子的交流中，引導和幫助你們一起做哲學思考與創作。哲學就是「喜愛智慧」，是請你們思考與瞭解周遭的世界。

　　我們希望這本書帶給你們的喜悅，就和我們在構思這本書時獲得的喜悅一樣多。我們選擇主題的靈感都是來自和參加哲學創作工作坊與Philomoos（在龐畢度中心的圖書館裡舉辦）的兒童及青少年間的交流。這些主題涵蓋了一籮筐不只我們會自問，孩子也經常問大人的問題，有了這本書，你們不但能答覆孩子，還能和他們一起提問。

　　去挖掘你們的思考和創作潛力吧，但最重要的是要玩得愉快。

 ：@philomoos

聯絡我們：www.philomoos.com

分享你的創作：#philomoos

使用方法

1 – 本書內容為何？

關於夢、愛、包容又或是宇宙等等的問題。藉由閱讀我們提出來的研究，你們可以自行討論這些主題及哲學問題，然後和孩子分享你們的知識。

「哲學動動腦」中，包含我們獨創的故事、可以問孩子的問題或是等著你們評論的語錄，同時思考。每章節的最後都有一個和孩子一起進行的創意動手做。這本書就像「嚮導」一樣逐步幫助你們發展思想，並且揭露孩子的哲學直覺及創造力。請讓本書引導你們，我們保證你們的交流與分享會豐富又充滿創意。

2 – 如何使用本書？

每個章節都會從「哲學與藝術」的概要開始，參考它，就可很容易的瞭解該章節的內容與目的。接下來是介紹問題，例如「為什麼我們會作夢？」（第一章）或是「我們可以活在世界上卻不懂得愛嗎？」（第四章）。然後順著條理陳述，形成最初問題的答案。這就是為什麼我們建議在「哲學動動腦」的部分要循次而進。最後，每一章的結論會回顧先前的內容。

在這整本書中，你們都可以在閱讀中安排一些空檔，和孩子一起思考。然後你們可以一同創作，同時確保這個由孩子主導的活動，純粹集中在讓他們表達自己的感受、情緒、感覺、內心話、想法：因為這段時光也要有趣才是。

3 – 如何和孩子一起安排哲學思考練習和創意勞作？

「哲學動動腦」是導向自由討論，不是辯論，我們會引導你們和孩子一同思考，並建議選擇「心平靜氣」的時候來進行這些活動。除了「大自然」和「宇宙」這兩個章節可以用影片輔助之外，這段時間內最好不要看電子產品。你們可以訂立「哲學時間」或是「創作時間」，安排一個特別的場合，為孩子準備發表意見的時間，讓他們可以自由釋放自己的哲學直覺，運

用自己的創造力。

　　你們可以和一名或數名孩子一起進行活動，只要他們懂得聽彼此說話，而且在別人遇到問題時，能讓他發言。要注意的是，絕對**不要「評論」**孩子的答案或是美術作品，而是在不認同他的時候提出你的理由，並且告訴孩子答案沒有好壞（對錯）之分。此外，隨時注意提高孩子投入創作過程的價值，因為那是一段幸運的時光，讓他認識自己的能力，能隨心所欲使用形狀、色彩、圖片、質地和材料來創作。如果你們沒有美勞材料，或缺少某些零件，就用家裡現有的東西來應變吧！你們也可以自由調整「哲學動動腦」、增加或刪減書中提供的問題。

4 – 這是給兒童還是成人看的書籍

　　本書的對象是兒童和成人。大人與孩子一起閱讀哲學討論的某些部分也完全可行，而且八至十二歲及以上的孩子可自行理解某些段落。別猶豫，和孩子一起試試這些哲學時光吧！

　　我們在工作坊時，經常看到大人也能很開心地度過一段充滿哲思與創意的時光。我們問孩子問題的時候，大人（教師、家長或是一般群眾）舉手回答的情形也時常可見。創作時也是，大人們對於我們提議製作的物品，也都樂在其中。你們也放手去完成本書中的創意勞作吧！

5 – 一定要按照章節次序嗎？該怎麼進行呢？

　　各章節與主題的順序是按照一定的連續性，從夢開始（第一章）到我們在宇宙中的位置（第七章），但你們也可以從自己喜歡的主題開始。同樣的，你們也可以只做勞作，改天再來練習哲學思考，不一定要按照順序進行。你們可以配合自己的時間來閱讀這本書：我們全都設想過了，要讓你們和孩子度過一段優質時光。有些哲學動動腦可以帶來簡短的交流，某些則是真正的討論。每次的練習需要平均十至二十分鐘的交流時間，可以根據孩子對話時的專注程度，提議一或二個活動。

引言

孩子們總是會為周遭的世界感到驚奇，不斷地對大人提問，他們所察覺到的一切；這提醒了我們，孩子們天生有多麼好奇，而且求知若渴。每當孩子問我們原因，並針對我們的答案問「為什麼？」的時候，我們經常因為他們出其不意的問題而語塞。然而正是因為孩子好奇，天生容易驚奇，讓他們「擅於」哲學思考；換句話說，就是思考世界、大自然、人生。我們都曾經是好奇的孩子，但隨著年歲漸長，如果我們不加注意，就會失去這種純真的好奇心。比起提出問題，我們太常斷言，總讓嚴肅占上風。

當然，哲學是一件嚴肅的事，而且就像古希臘哲學家亞里斯多德所說，哲學思考就是喜愛困難的事物。這是透過我們的思想，透過我們的話語，去探索我們感知到的和能夠思考的一切事物。但是哲學也意味著追求智慧與幸福。從字源來看，哲學是「愛好智慧」，是一個行動，一場追尋與日常練習，以便擺脫偏見和對亞里斯多德口中的「美好人生」[1]的迷戀。

面對接下來的世界，我們該如何抵擋？當我們決定為兒童創辦哲學與創作工作坊的時候，我們就問過自己這個問題。我們希望給工作坊的兒童及青少年說話權和動手做的機會，讓他們表達對氣候危機的挑戰、網路時代的愛情、夢想的必要，或是在充斥著誘惑的世界裡凝視天空……等等的看法；讓他們發言，給他們鑰匙，去引導他們思考，請他們動腦筋。我們會注意到，他們有能力一起思考，並且不亦樂乎。我們也可以跟著他們一起驚訝，原來他們擁有想像另一個世界的潛在能力；在那個世界裡，人類不是萬物的中心，而是要紆尊降貴，屬於一個更偉大的東西的一部分。

因此，我們在這本書中挑選了七個主題，盡可能涵蓋了孩子們的問

題，夢、大自然、動物、愛、容忍、死亡、宇宙……關於這些主題，孩子們問了你們無數問題，哲學思考總是從一個驚奇、一個必須解決的問題開始，而且要透過對話。在閱讀這本書的時候，就是要準備對話；有時候，你們只需簡單地問孩子問題，然後一起討論，請他們清楚說明自己的想法、舉例並且「解釋」。其他時候，我們提供你們幾篇故事，讀給孩子聽，這些故事會刺激孩子發問、作哲學性質的思考。書內也有一些引言，供人思考：不要害怕哲學家，他們都在幫助我們思考，解決我們的問題。

接下來，我們邀請你們和孩子共同創造獨一無二的物品，這是為了讓孩子將想法化為行動，並方便「追蹤」及紀念親子之間的交流。要創作的物品是每個章節充滿詩意的延伸，這個美術創作的部分會讓你們變得更有創造性，並且多花一些時間在自己和孩子身上，一起同樂。

要保證孩子在面對接下來的世界時，還可能保有具批判精神、創造性和競爭性的自由心靈，哲學思考與創造是不可或缺的。在這個讓孩子關注思考及藝術的過程中，你們有個角色要扮演，我們希望你們能把這本書當做引導的工具。

1. 美好人生（vie bonne）即幸福美滿、功成名就的人生。

1

為什麼我們
會作夢？

夢的力量

在本章節中……

哲學

是什麼？我們將要討論夢的意義這個問題。什麼是夢？它有什麼用處？「哲學動動腦」會引導我們去做從來不做或是很少做的事：談論我們的夢，並試著理解引發我們作**白日夢、夜夢**的理由。

怎麼做？前言中已經提出許多問題，「哲學動動腦」會區分成好幾個練習，每次針對一個與夢相關的特定問題，逐步地引導你們和孩子一起探索夢的世界。

為什麼？我們每天晚上都會作夢，白天也會以不同的方式作夢，因此白日夢與夜晚的夢世界成了我們與孩子人生的大部分，所以企圖理解自己的夢，是一個更瞭解自己的方式，並體會到作夢對成就自己及建立一個更美好世界的重要性。

目標 夢是一個滿抽象的主題，是想像空間與想像力的範疇，但它是哲學思考啟蒙的一個很好的出發點；只要問一個問題：有什麼能保證你們現在不是正在作夢呢？

創作

做什麼？我們要製作一個吊飾，這靈感是來自美洲印第安人文化的「捕夢者」。傳統的捕夢網是用來「過濾」入睡者的夢，讓美夢穿越，攔下噩夢，並讓噩夢在日光中消散。我們的目的就是藉由完成這個能帶來幸運的吊飾，抓住我們對未來的希望和正面夢想。這個吊飾會為我們的夢帶來正能量。

怎麼做？這個吊飾是由幾塊紙板組合而成。將各個不同圖案、顏色相異的紙板，藉由紙板上的小切口接合在一起；裡面會有一塊「特殊紙板」，或稱「魔法紙板」，它就是幸運物。孩子可以在這片紙板上寫下他未來的願望。這片紙板會過濾光線，把光線投射在掛著這個吊飾的房間裡。

為什麼？製作一個以夢為主題的物品，等於促使孩子發展他的前瞻能力。他可以在這片「魔法紙板」上寫下他想記住的願望。這些心願可以與他自己有關，象徵他的欲望；也可以和他的親人或是全世界有關。

目標 刺激孩子透過藝術表達的欲望，並以創造性及「魔法」的角度看世界，幫助孩子展現他的想法及夢想。

前　言

　　孩子會作夢，你我也會作夢，我們卻不曾花時間思考日也夢、夜也夢有什麼重要性，然而作夢的經驗陪伴我們一生。首先是我們每天作的白日夢，那遐想可以讓人盡情沉溺而感覺愉快，帶我們遠離現實。這樣的遐想在不知不覺中，會塑造我們的未來。接下來是每天晚上睡覺的時候，帶我們去旅行的夢；有些人認為床舖就像船，航向另一個世界或是作家聶瓦爾[2]所說的「第二場人生」。可是要怎麼區分一般的作夢和那些描繪我們人生大目標的遠大夢想呢？

　　那就要和孩子一同定義夢的意義，從而得出幾個不同的方向；孩子很喜歡聊自己的夢，特別是那些會讓他們印象深刻且難忘的夢（常常是噩夢）。不用我們提點，他們也很清楚睡覺時作的夢向來都是個人經驗，不只神祕，還是靈感來源。

　　但什麼是夢呢？我們為什麼會作夢？我們能選擇自己睡覺時作的夢嗎？最後，我們的夢可以啟發我們，引導我們嗎？我們將會藉由你們和孩子的交流、問答及分享，探討這些問題。

1 什麼是夢？

　　夢的世界是一個「空想」的世界，充斥著超常的現象，真實遙不可見。這是美好的世界：白天作的白日夢都是對我們有利的事，但是晚上睡覺作的夢則難以捉摸。

　　作夢的方式不只一種，然而我們總是將那些愛作夢的人一視同仁：作夢就是心不在焉、「走神」或是「魂不守舍」[3]，心思不完全在這裡，好像人不在場，發生什麼事都與他無關；就像晚上作夢一樣。當我們睡覺的時候，世界就像與我們沒有瓜葛：我們身在他方，在一片夢幻——有時候奇幻，或者駭人（噩夢）——的景色中流浪，總之就是瘋狂、奇異、荒怪不經的狀態。很多人都曾一覺醒來，大喊「我怎麼會作這種夢？」、「這隻長頸鹿在我家做什麼？」

　　另外還有「遠大」的夢，將快樂的遠景投射在我們的生活中，例如愛情；我們夢想著白馬王子或公主，那個能滿足我們所有期待的人會到來。我們也會想像「夢寐以求的房子」、「理想的旅行」等等，來幻想自己的人生。有時候，我們就是這樣子夢想自己或親友的成功。總而言之，這些夢形成輝煌成就的畫面、故事。這些夢就類似那些讓我們想像不可能之事，讓我們產生理想或幻想的夢。

「流浪」或是作夢的藝術

　　一直到十六世紀，「夢」這個字在法語中都意謂著「流浪」。作夢者是個浪人，行蹤無定。浪人「漂蕩」著，隨波逐流。他是行動派，四處為家，而且思緒飄忽不定：他喜愛混沌不明以及未知的一切。這類似放任思緒四處遊走的作夢者，而且流浪的作夢者很容易被看作「神遊太虛」的懶惰蟲；「你在作夢啊？」我們經常對看起來神遊太虛或心不在焉的人這樣說。作夢

的人常常這樣子被拉回現實來：我們要求他回到這裡，把心思放在當下；就跟我們要求遊子停止移動、安定下來一樣。

作白日夢延伸到極致就是成為夢想家：我們不再只是有空（例如放假或休閒時間）的時候偶爾作作夢，而是**無時無刻**。用手支著下巴、眼光放在遠方的夢想家也喜歡散步，一邊走路，一邊作夢，放任想像力自由馳騁。據說有名的哲學家和智者泰勒斯[4]曾經在走路時，潛神思索天體的運行，結果當著同輩面前掉進洞裡去，令人驚愕不已。在這個意義上來說，夢想家就是那種會全神貫注思索，直到看不見眼前障礙物的人。

哲學家盧梭在《一個孤獨漫步者的遐想》（*Rêveries du promeneur solitaire*）中寫到，夢是「一種被某些景色勾起的游移不明的思緒」，這種自由奔放的思緒沒有單一目的，而是**好幾個**。我們可以說夢是一種亂紛紛的思緒，會跟隨景色及環境變化，行動自由——自由如漫步者或甚至是即興演奏的音樂家。

理想的夢

某些夢會一再回來。我們可以認為這些夢比其他的夢更重要，而且通常比白日夢還要有結構。字典對夢的定義是「企圖逃離現實束縛的思緒」。這些因為再發性而易認的「遠大」夢想之所以遠大，是因為它們有某種絕對的東西；它們揭示了我們想要在變得「理想」的人生中，看見成真的事物。透過這些夢，想像力將深層的欲望、憧憬和渴求，轉化成一個「幻想」的、掙脫某些束縛人生的表現。由此可知，思考夢相當於思考現實：夢是在抵抗現實。在艱困的環境裡，夢可以維持希望，讓我們逃避現實，它可以解救我們。但是如果造成我們抱有幻想，奢望不可能做到的事，那它也可以毀了我們。

夢想做不到的事

　　夢毫無界線，這是我們心智的一個特質。作夢時可以體驗到絕對的自由，也難怪人類會一直夢想著成為不一樣的人——例如長生不死。但是我們更常夢想能像另外一個人，過另一種生活。孩子有時候會夢想自己有超能力，可以在天空飛翔……這些夢當然沒有壞處，因為它們刺激想像力。何況這些夢就是神話的原料，而神話是許許多多文化的骨架。夢也是作家與藝術家的素材：有哪一篇科幻故事不是把這些不可能的夢付諸文字？哪一個藝術作品沒有試圖實現這些夢想？我們只要想想夏卡爾的每幅畫裡的飛人就好。

　　不可能實現之夢想的「陷阱」，無疑在於想把現實扭曲成夢，忘記現實，想要虛幻、不可實現之物。因此作夢的人經常聽到別人叫他們「別再作夢了！」，而被喚回到現實。然而「不可能」的夢想，是歷史的重大動盪及變化的原料。人類有朝一日能登上月球，在以前是看似不可能辦到的事。數不清的科學革新，就是這樣繼續「超越」昨日的不可能。

睡眠與夢

　　從「流浪」到「東拉西扯」，「夢」這個字的意義也包含「妄想」這個動詞。作夢就是胡思亂想，甚至說「脫軌」也不為過。我們晚上作夢的時候，到底是失去了什麼？是什麼導致我們認為自己脫離正軌了？

　　第一個讓我們得以把夢與一種暫時性瘋狂相較的原因，或許在於夢是無法控制的：夢將我們拉進一個場境裡，大多數時候，我們會覺得是荒謬、沒有邏輯的；時間，並不真的存在，我們可以夢想自己個人經歷的某個細節，一個深埋在我們記憶中的細節。我們可以夢見一座想像出來的城市、一片奇幻的景色……除非我們能夠作一個所謂「清醒夢」的夢（我們能掌控或是影

響的夢），否則我們在夢裡經歷的每件事，似乎無一受我們的意志支使。

夜裡作的夢彷彿是一篇「不連貫」的故事，接連出現我們曾經歷過的事，結合了畫面、精神表現，不管是否有條理。

我們的感官也參了一腳：我們在作夢的時候聽得見樂音，聞得到香味，被一種情緒、感受所觸動……這無疑就是可以讓我們比較作夢與發瘋的第二個原因；我們以為看見了、聞到了，或者聽見了，但醒來時，我們明白一切都只是夢、幻覺而已。某些夢留下的印象，會讓我們懷疑是否真有其事。夢與現實的界線，可以根據情緒的力量還有夢中影像的細緻而被抹消，導致哲學家笛卡兒懷疑起世界的真實性。畢竟夢中的事物如果看起來那麼真實，甚至讓我們的身體產生感受，那我們怎麼能肯定我們此刻不是在作夢呢？要怎麼確定我感知到的世界不是我大腦創造的？

莊子那著名的「莊周夢蝶」，讓我們思考夢境與現實之間是有漏洞的：

莊周夢見自己是一隻蝴蝶，翩翩上下，活靈活現的，很是自得其樂，渾然不知莊周何許人也。忽然間，他醒了，發現自己還是莊周，只是不曉得是莊周夢見了蝴蝶，還是蝴蝶夢見成為莊周。

2. 聶瓦爾（Gérard de Nerval, 1808-1855）是法國十九世紀最重要的浪漫主義詩人及作家之一。
3. 原文 dans la lune（在月亮上）、dans les nuages（在雲端），都是形容一個人心神不定的意思。
4. 泰勒斯（Thales of Miletus）是古希臘哲學家、天文學家、幾何學家，也是著名的希臘七賢之一。

哲學動動腦

1

6 - 12 歲

問題

瞭解作夢的方式不同

?! 須知：對四歲的孩子來說，要理解「你作了夢嗎？」這個問題很困難。但從五、六歲起到八歲，孩子會漸漸明白作夢是一種個人經驗。

請問以下問題

什麼是夢？

➡ 給孩子全面的自由，讓他回答他最先想到的答案，接著帶領他分辨不同種類的夢。試著先「準備好」夢可能有哪些定義（不可能的夢、理想的夢等等）。

➡ 讓孩子敘述他某天晚上作的夢給你聽，然後問他為什麼相信他作的夢是真的。這裡的重點是，帶領孩子去思索他夢中的身體印象，孩子有可能會作清醒夢。問孩子是否能夠在夢中去任何想去的地方……

什麼是不可能的夢？

你可以舉個例子嗎？

一起來動動腦

故事

麗芙、亞瑟與老智者

　　在一個美麗的春日，麗芙和她的表弟亞瑟在公園裡散步。他們對這座公園瞭若指掌，因為在他們還很小的時候，就常常來這裡。這座市區公園很大，旁邊有一條很寬的河流。公園裡有遊樂設施、旋轉木馬，而且春天一到就百花盛開，蝴蝶漫天飛舞。

　　這天，他們看見一隻黃色大蝴蝶，兩人衝上去想要抓牠。

　　「那邊！」麗芙大喊。她向亞瑟指著一棵老樹。

　　亞瑟手裡拿著捕蝶網直衝過去。那是一棵銀杏樹，因為有數千年的壽命，是中國人眼中的聖樹。蝴蝶就停在某處，但無論是亞瑟還是麗芙都看不見牠。

　　「小朋友！」他們的背後傳來一個聲音，「請問一下，這是什麼地方？」

　　麗芙和亞瑟轉過頭，看見一位老先生，他臉上的鬍鬚又白又長。正是這位盤坐著的老先生問了這個奇怪的問題。

　　「我們在公園裡啊！」亞瑟答。

　　「是土魯斯的公園。」麗芙補充說。

　　「很好……那我是蝴蝶嗎？」老先生問。

亞瑟雙手摀住嘴巴以免笑出來，同時留意那隻黃色大蝴蝶是不是躲在老先生背後。

「呃……不是耶，你是個老先生，不是蝴蝶。而且你的眼睛有蒙古褶，也許你是中國人？」麗芙問。

老先生含笑點點頭。

「是的，我叫做莊子，我是中國人，而且我的年紀比你們看到的那棵樹還要大，只是我剛剛夢見我是一隻黃色的大蝴蝶……不知道飛到哪裡去了！我到底是莊子呢？還是黃色蝴蝶？」

「莊子！」麗芙和亞瑟同時叫了起來。

突然間，那隻黃色大蝴蝶出現了！麗芙與亞瑟的目光尾隨著牠，等他們倆轉過身，已經不見莊子的蹤影。

「好奇怪喔。」亞瑟說完就邁開腳步，追捕蝴蝶去了。

「如果我們抓到那隻蝴蝶，就叫牠莊子。」麗芙邊喊邊朝著已經跑到遠處的亞瑟追過去。

請問以下問題

要怎麼知道我們是不是在作夢？

為什麼莊子要納悶自己是不是一隻蝴蝶？

該怎麼確定他不是一隻正在作夢的蝴蝶呢？

你有過自己的夢像是真實的感覺嗎？

2 夢有什麼用處？

莊子的夢讓我們起了疑慮：何者為真？如果我們的想像能夠投射讓我們信以為真的影像，我們卻沒有意識到；而且如果我們在睡夢中能夠感覺到身體感受，感受到情緒，那什麼能保證我們此刻不是在作夢呢？無數哲學家都很關心這個問題，懷疑派哲學家庇羅[5]（西元前365-275年）就是其一。夢為世界存在與否添加了「普遍」和「一概」的懷疑，給了他「別急著下結論」的理由。既然什麼都無法確定（我**可能**正在作夢），那就**不應該妄下斷言**。

因此，夢在哲學上是一個對思考的挑戰，因為它一方面考驗著我們對真實的感知能力，另一方面則是我們的推理能力：的確，如果人類能夠形成不明確、不由自主、不合邏輯，甚至瘋狂的念頭和思緒，要如何斷言人類是有理智的理性動物？理性主義哲學家笛卡兒在他的《第一哲學沉思集》（*Méditations métaphysiques*）中，尋找可以明確建構事實的東西（與懷疑派哲學家不執著於判斷的態度相反）。作夢給他的論據，讓他重新肯定我們無法完全信任我們的感官可以證明世界存在：他說「感官會欺騙我們」，因為我們明明睡著覺，作著夢，卻在夢裡明顯「感覺到」一些事物。我們醒來發現那些感受造成我們錯覺的時候，總是深感驚奇。

不過笛卡兒也不否認夢有一種組織和力量：我們夢見、我們知道的、經歷過的事物，我們夢到剛剛或很久以前感受過的（不約而來進入我們夢中的，經常是我們這一整天經歷的細節）。他還肯定夢境並未排除時間與空間：這不是「想像力在發瘋」，而是類似唯經驗論的知覺表現。當時為笛卡兒立傳的人甚至言之鑿鑿，笛卡兒作了三個啟發他繼續研究哲學的夢，這不禁令人聯想到，對笛卡兒來說，夢是一個決定性的經驗，不只是思考我們與世界的關係。

---

5. 庇羅（Pyrrho of Elis）是古希臘哲學家，他認為人類無法理解事物的真相（reality），只能知曉事物的表象，不能確定孰是孰非，被視為懷疑論的鼻祖。

哲學動動腦 3

8-12 歲

問題

夢中的知覺

你能不能描述一個「瘋瘋癲癲」、荒唐又驚奇的夢？

它像真的嗎？

➡ 接下來問孩子，為什麼早上醒來的時候，我們會懷疑世界的真假。這是要讓你們以笛卡兒的思想為基礎：他認為夢醒之後，夢裡的一切都顯得非常真實，甚至讓他懷疑起周遭的世界。

兩大文明揭示何謂夢

我們不可能在這裡建立一個古文明賦予夢之意義的詳盡圖表，雖然這麼做十分引人入勝。我們所能肯定的，就是所有文化和文明都詮釋過我們睡覺時作的夢，也都試圖要理解作夢有何意義。

例如埃及文化對夢的理解相當驚人：古埃及的人將夢視為來自未知世界的「信差」。對見多識廣的入眠者（能夠解夢的人）來說，夢來自神明。夢

不僅牽涉到入眠者，還牽涉到整個社會。解夢必須求助於祭司（預言家），他會破解神的訊息。睡眠類似死亡一定就是這些信仰的依據：睡覺的時候，我們的身體停止自由移動（即使是夢遊者也不太清楚自己在做什麼），我們根本「不在當下」。

此外，睡眠與夜晚及黑暗有關──這些都在象徵上與死亡緊密相連。因此對埃及人來說，作夢就是到達另一個世界，那裡既非神界，亦非冥界，也不是地上的人界，而是入眠者「醒來」的另一個世界。這個世界是最初的過去，入眠者彷彿潛進誕生前的源頭。入眠者可以從這個世界與神接觸，以便解決問題（治病）或是請求神向他揭示未來。

埃及人對夢的理解非常有意思，他們以最嚴肅的態度來作夢：作夢絕對不是想像力發狂，而是獲得神之訊息的機會。

此外，埃及人也為噩夢提出解釋：夢的世界不只留下通道給神明，也為惡靈留了通道。這就是為什麼在睡前施行保護儀式很重要。

對此，美洲的印第安文明也將夢看得至關重要：他們認為在夢裡遇見的象徵，可以是回答重要問題（找食物、防患、保持部族和睦及維護傳統）的線索。同樣的，在夢境中體驗到的印象被視為「關鍵」，可以讓入眠者成長，並且與大自然及萬物**和諧共存**。美洲印第安人認為，夢比人世間的真相還要更加真實，夢是神靈──祖靈或神明──傳來的訊息。

這些文化對夢的理解，因為與西方人對夢的理解南轅北轍，讓我們思考夢的幾個作用：除了我們必須要詮釋的象徵作用（佛洛伊德從無意識的假設所形成的理論），還有一個更優越或「魔術般」的作用，就是夢帶來神的訊息，或是發出一股更高等的力量，從一個「隱藏」的世界，帶給我們智慧與知識。最後，它為我們準備死亡（我們會在藏傳佛教的部分再看到這種對夢的詮釋）。

哲學動動腦

4

6 - 12 歲

以下的故事跟本章節的創意勞作「捕夢網」有關。要讓孩子充分理解他要創作的物品有什麼好處，就說這個故事給他聽吧！

故事

美洲印第安人的捕夢人傳說

很久以前有一位名叫阿西碧卡西（Asibikaashi）蜘蛛媽媽，一整天都在織網捕捉清晨落在露珠裡的陽光。阿西碧卡西為每個部落織網，為的是送給人類一個禮物：藉由陽光的保護，對抗夜晚的黑暗和潛伏其中的惡靈。

然而，因為要為所有部落織那麼多網，使得她筋疲力盡。蜘蛛媽媽決定把織網技術教給每位母親、姐妹和祖母，讓她們自己編織「魔網」。的確，樹林裡那些蜘蛛網般的網子是有魔力的，它能夠「過濾」人類的夢，人稱「捕夢網」。這些捕夢網被綁在搖籃上或掛在床上方，用來捕捉晚上的夢。

日出時的第一道陽光會摧毀噩夢，留下美夢，這樣作夢的人就受到保護，可以泰然入睡——這都要感謝蜘蛛媽媽阿西碧卡西的禮物。

?! 須知：對美洲印第安人而言，蜘蛛沒有負面的涵義。反之，它象徵著力量與自主：牠自己織網，這網可以擋風，而且呈圓形，這是我們最常在大自然及天空（太陽、月亮、星星）中看見的典型形狀。

請問以下問題

什麼是「不好的」夢？

➡ 孩子可能會舉例來回答──幫助他從這個例子去定義噩夢。

什麼是噩夢：負面的感受，還有像恐懼、噁心、羞恥、驚駭、憤怒等等的情緒。再提到作噩夢時身體的感受（心跳加速、冒汗），來補足噩夢的定義。

反之，為什麼有些夢是愉快的？

為什麼美洲印第安人會認為必須防止作噩夢？

佛洛伊德的假設：夢或許是欲望的表現

在許多美洲印第安的傳統裡，夢帶來必須破解的訊息，在這個意義上，佛洛伊德的假設就很類似。佛洛伊德認定「解夢是一條康莊大道，帶領我們認識精神世界裡的無意識」。根據他的看法，人類的精神結構——他的心智或靈魂——可以與冰山比擬。可見的部分是我們這個人、我們的意識。沉在水裡的整體，再細分成另外兩個部分；首先是超我（前意識），包含來自教育和文化的內部控制的整體（內在道德化），最後就是「這個」，包含了衝動、回憶、欲望……。

根據佛洛伊德的說法，無意識既不遵循邏輯，也不聽從道德，它是一團企圖滿足自己的衝動，而且只回應唯一的命令：「歡愉原則」（無論如何都要滿足自己）。

佛洛伊德認為，假設的無意識會透過失敗、口誤和夢境，尤其是病人的症狀，得到證實。佛洛伊德說過：「自我不是自家的主人。」我們無法像古希臘人那樣設想我們的心理現象，好比一艘由船長一人統率的船艦。反之，無意識的假設來自於我們認識到在「自己的家中」，我們無法控制一切。

為什麼我們會作夢？佛洛伊德並沒有回答這個問題。反之，他斷言夢具有象徵、將我們的痛苦來源轉化成隱喻的能力，他認為我們的痛苦來源，就是沒有滿足的欲望——因為不可能實現或是違反道德。

要治癒精神疾病，佛洛伊德建議「從夢上面下功夫」，請病人自己將「潛藏內容」過渡到「表面內容」，藉以「轉化」他的夢。換句話說，佛洛伊德斷言作夢的人必須在精神分析師的幫助下自己解夢，於是病人開始談論自己的夢、留意自己的夢，才能治療疾病。

問題

夢的控制

請問以下問題

➡ 問孩子是否認為我們能夠主宰自己的夢。用以下的問題幫助他：「你睡覺前會事先選擇自己要作的夢嗎？你可以控制你的夢嗎？譬如，你可不可以決定今天晚上要夢到自己登陸月球？」

別人在睡前對我們說「作個好夢」時，他的意思是說，夢是我們自己「打造」的嗎？我們可以「製作」自己的夢嗎？我們可以決定夢嗎？不然我們的夢是哪裡來的？

請討論。

為什麼我們會作夢？
科學家的假設

對腦神經學家而言，有關夢與睡眠的「為什麼」是神祕的，然而研究的進展，讓我們得以建立有意思的假設。首先，別懷疑，我們每天晚上都會作夢，約莫只有1%的人記不得自己的夢。可見作夢是一種「本能」，遠遠不只是欲望而已。

關於夢的功能，我們可以得到以下假設：

1. 作夢是大腦在處理白天的資訊。將之固定為記憶，消除某些日常經驗。在這個意義上，人們常說睡眠可以「修復」，因為夢對我們的生存是必要的，也因為它讓我們得以忘記、卸載我們一部分記憶。

2. 作夢會固定我們的記憶。夢重複我們這天生活的一部分，讓某些回憶固定在記憶裡。

3. 作夢讓人對阻礙及威脅有所準備。大部分的噩夢，都是為了讓我們對某個可能發生的威脅作好準備，所以夢見失敗、爭吵或慘劇，可能是要讓我們提高警覺，更小心謹慎，多加防備。

4. 作夢可以解決問題。作夢的時候，我們只是在嘗試解決一個自己可能意識到或沒意識到的問題，所以才有「夜晚是最好的思考時間」這句諺語。無數藝術家、科學家或詩人，都信誓旦旦自己在睡夢中找到問題的解答。此外，愛因斯坦曾說他的想法都是他在醒著作夢、以及留意自己晚上作的夢時出現的。

5. 作夢讓我們更能管理情緒。特別是負面情緒，因為我們在作夢的時候，經驗到大範圍的情緒（從喜悅到痛苦），我們醒來的時候可以更清楚辨識這些情緒。

6. 作夢在發展同理心時扮演著角色。你有沒有注意過，在我們的夢裡幾乎都不是單獨一人？透過作夢時的交流、對話，可以發展我們的社交能力。

儘管這些假設還需要受到檢驗，科學家倒是都贊同快速動眼期（作夢比較活躍）在大腦發展和荷爾蒙管理（例如生長）方面扮演著主要角色。

問題

夢對我們的生活有什麼用處？

?! 　**須知**：從鳥類到蜥蜴，再到獅子或松鼠，所有動物都會作夢。儘管牠們不會描述牠們的夢給我們聽，我們無法確切知道動物作什麼夢，但還是可以確定某些睡眠中的貓科動物的肌肉活動及態度，證明了牠們或許夢到狩獵的畫面呢！

● 　從這件趣事開始，詢問孩子對科學家的假設，還有造成我們和動物作夢的原因有何想法。請孩子解釋他的答案，為自己的答案辯護，請他花一點時間思考再回答。

請問以下問題

為什麼貓睡覺的時候會夢到狩獵？（評估前文的科學家假設1及假設3）

你在夢裡是獨自一人嗎？還是有其他人呢？為什麼？（假設6）

你在夢裡會生氣嗎？還是你玩得很開心？你會害怕嗎？（假設5和假設6）

我們睡覺的時候有過哪些情緒？為什麼？（假設5）

你覺得夢見課堂考試自己考壞了有什麼用處？（假設3）

3 日也夢，夜也夢：想像的力量

童年的時間，就是想像的時間。想想聖修伯里筆下的小王子，他在一幅畫著帽子的圖畫裡，看見麵包樹正在消化大象。小王子的故事如夢似幻，就像是作夢作出來的。它提醒了我們，成人嚴肅的特質妨礙我們帶著詩意、幽默、溫柔和想像來看事物。

想像是人腦的一種能力，只等著開發。想像力是無限的，這讓愛因斯坦說它超越知識（而知識已經是無限了）。想像力為我們的心智服務，讓我們得以解決問題。但它不只這麼簡單，因為創作者與藝術家的原料就是想像力，當他們想像各種世界的時候，就是在**創造**不同的世界。梵谷見到的星空（參看畫作「星夜」〔La nuit étoilée〕），是我們無法見到第二次的。他在給弟弟西奧的信中寫道，他可以花好幾個小時想像自己可以用哪些顏料來畫一幅畫……所有這些讓他成為世界上最知名與受景仰畫家的畫作，都是來自梵谷的想像。

我們醒著作夢時，就是在想像什麼事可能發生，我們希望看見發生的事情，我們想要創造、製作、經歷的事物，而且我們也會想像要如何達到目的。我們在白日夢中獲得的樂趣，必定是因為想像限制不了我們：在我們的夢裡，我們可以想像一**切**。

自己的世界

在睡夢中，我們很少夢到獨自一人，但有一種多少清晰的感覺，我們總是自己夢境中的第一主角——或至少是主要角色，可以聽見和我們對話、與我們一同體驗、歷險的其他人的聲音。就這層意義上，夢是**互動**的。

然而醒來時，有一件事讓我們震驚，那就是沒有人夢到和我們對話，

一同冒險。我們是自己的夢及其內容的唯一持有者。因此夢是「自己的世界」，一場極度私人的體驗，含有我們一部分的私密生活：我們的疑慮、憧憬、祕密、問題、欲望、恐懼等等。談論我們的夢，描述它們，等於交託自己的某樣東西、分享一部分的自己。因此有必要（或許）仔細挑選該向誰描述自己的夢，免得對方誤解或批評（《塔木德》[6]的一個古老傳統就是這麼說的）。夢就像「私密日記」一樣。

因此，還有什麼比理想的夢、比我們每天作的白日夢更私人的？你們願意像科幻片那樣，讓別人知道你作了什麼夢嗎？讓別人在你晚上睡覺的時候，像看電影那樣觀賞你的夢？對於這幾個問題，工作坊的孩子的回答毫不含糊：讓人看見自己的夢等於失去自由。

為了創造新世界而夢

我們很難想像夢可以喚醒這個被稱為「批判精神」的能力。我們比較傾向於認為作夢的人浪費時間，縱心於物外，做事不專心。

「批判」（critique）一字源自希臘文，要我們把這個能力想成學習鑑別、「挑選」，並非藉由評論去摧毀什麼東西。因此從定義上來看，批判並無貶意，而是應該打開新的觀點、視角：從這個意義看來，批判應該要讓人「重新思考」一件事。此外，這正是為什麼我們更能容忍「有建設性」的批評，而不是單純為了「摧毀」而指點。

夢怎麼成為反抗的象徵？譬如夢要怎麼幫助我們批判社會？

夢讓我們想像一個更好的世界該具備的條件；讓我們想到馬丁路德·金恩的著名演說〈我有一個夢〉：「我夢想有一天，在喬治亞州的紅山上，昔日奴隸的兒子和昔日地主的兒子坐在一起，共敘兄弟情誼。」

這個夢具批判性：金恩藉著想像一個正義與平等應用在全體人類，而不只是部分人士的世界，對當時的社會發出批評。他知道要築起一個迫切需要

實現的夢，率領和平「抗爭」，來對抗種族歧視、暴力和排擠。這個夢變成傳奇，因為每個在為公民權平等奮鬥的美國白人與黑人都共享這個夢，它並不只屬於一個人，而是牽涉到人類的社會，最後是人類全體。這個夢是個烏托邦，這個被夢想、被想像的世界，有助於建立一個比較公正的社會，讓它的成員比較自由。不只因為這些夢過於理想而難以企及，而是因為它們間接呈現出我們所屬的世界有缺點、瑕疵、不足、不公平。

結論

只要稍微想像一下有人可以禁止我們作夢，我們就會明白作夢有麼多重要。如果你們和孩子分享這個像科幻片的情節，就會看見他們強烈抗議。想像一下，一個強大的人工智慧（或是一些「聰明」的機器）統治著這個世界，而它決定要剝奪我們的自由。它可以剝奪我們移動及表達的自由，但如果它也能阻礙我們日夜在自己的腦中作夢，我們會變成什麼樣子呢？我們肯定會滅亡。

就如同我們無法想像有另外一個人可以干預我們作夢，我們也難以想像人可以**活著而不作夢**。這就是為什麼所有哲學家（幾乎無一例外）都對夢的問題深感興趣。正如莎士比亞筆下的一個人物說：「我們（人類）都是夢中的人物，我們渺小的一生，到頭來不過是睡夢一場。[7]」我們人類也跟夢一樣神祕。我們「渺小的一生」比起宇宙的奧祕、夢的奧祕，實在不算什麼。我們全都感同身受，因為我們的人生有三分之一的時間在睡覺，也就是說在作夢。

6. 《塔木德》（*Talmud*）是猶太教的重要文獻，被譽為「神聖智慧之書」。
7. 出自莎士比亞的《暴風雨》。

問題

我們的夢屬於我們

?! 須知：最近日本一間專研腦神經科學的實驗室創造的人工智慧，完成了判讀入眠者大腦活動的方法，甚至能產生畫面。藉由數百個貼在入睡者頭上的電極，人工智慧「猜測」哪一個畫面可能與大腦某個區域的活躍相關。如果入睡者夢到一隻貓頭鷹，人工智慧猜測出來的畫面就頗為模糊。但是如果這個人夢見一個正方形，人工智慧就有能力探測。這機器還遠遠不能閱讀我們的心思，但是這個實驗值得我們思索。

討論這個AI讀夢的實驗，並請問以下問題

如果一個機器可以閱讀你的心思，你願意讓它讀取嗎？為什麼？

如果這個機器可以讀你晚上作的夢呢？如果它可以錄下你的夢？

➡ 討論正反兩方的觀點。例如：如果真的有這樣的機器，我們可以重新體驗作過的夢，因為一般情況下，我們在睡醒時就幾乎立刻忘了夢的內容。但是反過來說，如果夢是私人的，那麼這個機器就會對我們瞭若指掌，我們的下場就是自由被奪走。

為什麼機器人不會作夢？

➡ 深入闡述這個論點，一直到討論想像的好處是很有意思的事：人類能夠把事物想成全然不同的事物。

想像是什麼？

創意動動手

製作捕夢網或旋轉吊飾

請見「哲學動動腦4」

所需時間：2-2.5小時

未來的心願

我們要製作一個充滿詩意的作品，它會成為非常個人的深處回憶。目的是象徵性的呈現出我們熱衷，並形成我們未來的夢想事物。

旋轉吊飾可以讓孩子透過形狀、色彩、文字或剪貼來體現他的心願或夢想。

材料

- 約1mm厚的薄紙板。它必須夠硬，但要容易剪裁，例如鞋盒或包裝盒。最好是不含塑料的紙板，顏料才較容易附著在表面上。
- 不同色彩的壓克力顏料（或其他快乾顏料）
- 金色、銀色或黑色顏料（非必要）
- 10x10公分的正方形鋁箔紙，或有顏色的玻璃紙，又或彩虹膜紙（金屬紙或能反射光線的包裝紙也可）
- 彩色筆、麥克筆和（或）水性麥克筆，例如Posca水性麥克筆
- 剪下幾張帶給你們靈感或者孩子熱衷事物的圖片
- 畫筆或筆刷

- 美工刀或雕刻刀（非必要）
- **粗針或是尖頭的剪刀**，因為最後需要刺穿紙板。你也可以使用縫紉的拆線刀。
- 50公分的釣魚線或尼龍線，又或是繡線或毛線（將吊飾掛在鉤子上）
- 膠水或強力膠
- 鉛筆或製圖筆
- 橡皮擦
- 剪刀

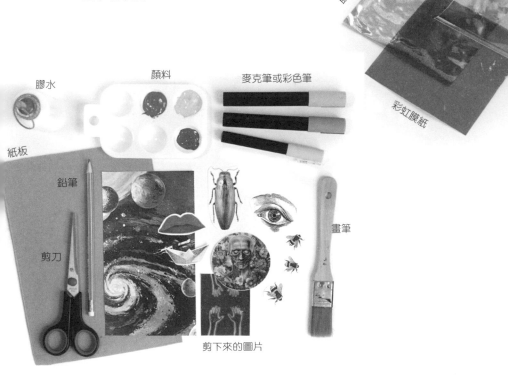

玻璃紙

餅乾包裝紙

彩虹膜紙

膠水　　顏料　　麥克筆或彩色筆

紙板

鉛筆

剪刀

畫筆

剪下來的圖片

步驟

訣竅

· 拿舊報紙保護桌子或是工作的表面，以免沾到顏料和彩色筆。

· 以針或尖頭剪刀在用來懸掛的紙板上穿洞時要很小心。

· 懸掛吊飾的理想位置是在光源附近，例如在窗戶旁邊，將吊飾掛在窗簾桿或是天花板上，這樣它就可以隨時擺動。

準備零件

1 在不同的紙板上畫一些長寬最少3-4公分、最多15公分的任意形狀和幾何圖形。製作8-15片。最好選擇不同尺寸的幾何形狀，圓形、橢圓形、三角形、正方形等等，但是當中必須要有直徑6公分或以上的圓形或橢圓形，才能製作特別的紙板。

2 剪下每個紙板。

3 你可以把特別紙板（或魔法紙板）塗上金色、銀色或黑色。如果你不想使用這三種顏色，也可以用其他顏色製作你的吊飾；就是要讓它有別於其他零件。等它乾燥後，塗另一邊。這一片紙板會為你的吊飾帶來幸運。

4

用壓克力顏料塗完其他紙板。你可以只塗一個顏色或是許多色彩，然後等這些紙板完全乾燥。

5

用美工刀在魔法紙板的中央割出一個形狀。如果你沒有美工刀，可以用剪刀在中間戳出一個洞，接著插入剪刀，剪出你想要的形狀。在中央的洞上貼一小張鋁箔紙、玻璃紙或彩虹膜紙。

6

這個魔法紙板將是整個吊飾的主要部分。用麥克筆、彩色筆或原子筆，在這上面寫下表示願望、夢想、欲望、理想的文字。

裝飾／零件的拼貼

你可以在這個紙板上畫圖，或是剪下引發你靈感的雜誌圖片（各種顏色、形狀、訊息）貼上去，來表示你的夢想和想望

組裝

我們需要割出小切口來接合這些紙板，組裝成吊飾。注意：切口如果太大，紙板就無法固定。要避免這個問題，就要先從紙板的邊緣剪出1公分深的小切口，接著在第一個切口旁邊剪第二次。切口的寬度必須跟紙板厚度一樣，或是稍微薄一些，才能卡住另一片紙板。

9

如果因為切口太大而無法固定紙板，別驚慌，用膠水黏上去，等幾分鐘讓它乾燥。

10

你們可以用針或是剪刀的尖頭為紙板戳洞，穿上線，在不同部位掛上其他紙板。

11

每個吊飾總共需要7-13片紙板。等你們對組合成果感到滿意的時候，選擇想從哪一片紙板掛起這個物品，並在這片紙板上方戳一個小洞。再把線穿過這個洞，並吊起你的捕夢網。

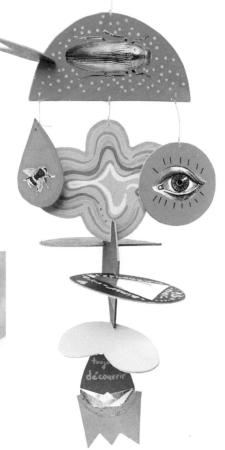

2

我們要如何看待大自然，並與之和諧相處？

人類在大自然中的位置

哲學

是什麼？在本章中，我們將要思索人類在大自然中的位置。我們從小就習慣把所有屬於大自然的和屬於人類及文化的事物區隔開來，然而我們偶爾會被日落的景色觸動，當我們走在公園、森林或山裡會感到心曠神怡。我們要試著理解，為什麼我們與其他生物和身處的環境息息相關。

怎麼做？從大自然的定義開始，接著把注意力放在物種及自然環境的多樣性上。我們會質疑「大自然」這個詞的用法，它讓我們忘記生物多樣性，因為只要想到大自然，就會想到那些不具備我們認為是人類特有的優點，像是智能與感性的事物。

為什麼？沒有比和孩子一起思索大自然更必要的事，因為他們將要面對最大的氣候挑戰。現在的我們必須明白生態系統如何運轉，也必須理解維持大自然整體平衡有絕對的必要，因此一定要把人類從高台上拉下來。

目標 我們的目標是讓孩子領悟大自然物種相互依存的關係，並針對我們在生態系統的整體平衡中所處的「位置」和角色，詢問他們的直覺。我們希望喚醒孩子對植物和樹木的智慧與生俱來的好奇心，讓他們認為大自然或地球值得尊敬。

創作

做什麼？請你們利用在大自然裡找到的植物或天然素材，來完成一幅令人聯想到大自然與其他生物間和諧與共生的拼貼畫。

怎麼做？我們會分成兩個部分進行：先任選本章中的一個哲學問題，然後到森林、公園或綠地散步，一邊討論；接著讓孩子撿拾路上找到的不同植物的素材。第二部分回到家裡，讓孩子用撿來的自然素材，像是葉子、花、花瓣、樹枝等等，在卡紙上完成他創作的動物、昆蟲或自然景觀。

為什麼？在森林裡或大自然中散步，會把我們帶到一個沉思的狀態，對身心健康都十分有益。沒有過度刺激，你們可以把心思放在自然環境上，感受大自然，打開每個感官，好好地觀察。
孩子可以發覺動物與植物的生活，做為他的創作靈感。這是用大自然裡的形狀、色彩和質地的豐富多樣性來刺激他的創造力，並向大自然致敬。

目標 我們企圖透過這個練習，激勵孩子重新與大自然連結，讓他發現大自然與人類之間的依存關係。創意勞作也是為了讓孩子感悟大自然的美，以便去維護它。

戶外的哲學動動腦

（30分～1小時或以上，可以多做幾次）

　　我們建議大家為這個章節及創意勞作，來一場充滿哲思和創造性的散步。就這樣。簡單說來，我們邀請你們一起散步，一邊討論。

　　首先隨機選擇一個（或好幾個）哲學議題，引導你們和孩子之間的對話。目的是一邊接觸自然環境（例如森林、公園或海邊），一邊動腦筋。一起想想大自然裡什麼是和諧的，什麼是美麗且平衡的，像是花裡面的形狀；並思考生態系統裡各物種間的關係，以便維持生態系統平衡。

　　你們可以選擇跟授粉有關的「哲學動動腦4」，來幫助你們進行這個活動。

　　這趟出門要觀察花、葉子、樹皮等等。總而言之：仔細看！和孩子一起撿拾想用來創作的葉子、花、花瓣、枝條、樹枝、草、苔蘚、羽毛或其他植物及天然素材。

前言

　　我們甚至不必思索就把大自然與後天文化區隔開來，就好像我們把蜂巢（這個蜜蜂的工作成果），與來自人類的構想及心血結晶、由居民組成的集體生活地點的村莊，做出區別。我們區分與動植物甚至大自然、宇宙現象有關的事物，以及人類特有的，像是技術與工具、藝術、語言、正義、故事等等。然而這種對立概念來自一個歷時長久的西方傳統，我們在許多其他文化裡找不到雷同的概念。當我們談到大自然，直覺會想到植物、樹木、海洋、栽種植物的空間，以及所有住在這些空間裡的動物。我們甚至區分出一種比較徹底的大自然，完全不見人類踏足及介入，我們稱之為「野蠻的」大自然。按照這個二元論，人類位在另一端，換句話說就是所有人類製造的、思想的、相信的、想像的等等，而另一端的大自然對人類而言是陌生的外界。

　　「大自然」一詞也有「真實」（authenticity）的含意：說一個人「不自然」等於指責他喬裝作勢，裝神弄鬼。不自然就是不單純，原本理所當然的事情被搞得很複雜。俗話說得好：「江山易改，本性難移」[8]，所以我們承認自己可以回歸天性。這裡的「天性」即生物或事物的本質：也就是真實的他或它。

　　直到今天，人類與大自然對立的二元論，還是普遍存在於人心。然而這個對立會造成問題，讓人類自認優越於全體生物。我們今天就看見它所造成的悲劇後果。認為人類是大自然的一個例外，這是可以理解的，但人類有權主宰大自然是一個很危險的論點。因此我們需要思考大自然是否存在，或者它是一個需要我們更加深入思考的概念。今天的孩子在一個生態系統天翻地覆的世界裡成長，而且地球上生物的未來如何，都是未知數。

　　孩子們會是第一群清醒的人，也是第一群受害者，因為他們當中有許多人的成長空間，是越來越都市化、污染越來越嚴重、越來越遠離生物及

其多樣性。我們該如何看待大自然，與之和諧共處？要如何改革我們對大自然的看法，這麼多的多樣性，我們又該怎麼想？以下的問題可以引導你們思考，還能——別意外——喚醒孩子「天生」的好奇心與直覺。

1 大自然存在嗎？

如果沒有人類思索，大自然還會存在嗎？我們把一切分成什麼屬於大自然，什麼不屬於，這是其他文化不見得共享的一個概念。然而這種觀念會助長一個具毀滅性的想法：人類比其他所有生物高等。

思索大自然的起源

希臘哲學裡有許多對大自然的定義，我們對亞里斯多德的定義特別感興趣，因為他深刻影響了後世的哲學。這麼看來，亞里斯多德可說是大自然的思想家：他觀察天文、植物和各式各樣的動物，試圖理解大自然生物起源的原則。

亞里斯多德賦予大自然（希臘文是physis）的定義，來自一個簡單的觀察結果：自然界所有生物都有一個活動原則，像是生長和衰落，無論是植物、動物還是人類。

對亞里斯多德而言，人類屬於大自然，因為人類會自己進食、呼吸，而且會隨年歲變化。然而人類的智能超越了植物的「植物靈魂」，因為後者只能讓植物生長和吸收養分而已。

人類的智能也超越動物的靈魂。儘管動物有感覺能力，有時候很狡猾，但不會說話，聽不懂政治，也無公平意識。換句話說，亞里斯多德認為人類因為聰明，能言語，對何謂公平與不公平有概念，而在大自然裡更勝一籌。

8. 原文「Chassez le naturel, il revient au galop !」的字面意思是「再怎麼想掩蓋天性，馬腳總會露出來」。

問題

思考大自然

請問以下問題

大自然是什麼？大自然裡面有什麼？

➡ 這裡請幫助孩子隨意列舉（山、土地、金龜子、仙人掌、細菌、蘑菇、蚊子……）。

什麼是野蠻的大自然？

人類屬於大自然的一部分嗎？屬於野蠻的大自然嗎？為什麼？

火箭、汽車算大自然嗎？為什麼？

大自然為人類服務

一旦某人以他本身或文化之名而自認高人一等，必衍生暴行。因此，肯定人類優於全體生物就是某種暴力。所謂的人類優越是一個曠世長久思想傳統的結果，我們今天依然帶著這個思想。在整個西方哲學的歷史上有無數歌頌人類智慧的形式，然後笛卡兒的哲學來了，他利用科學讓我們成為「大自然的主人及擁有者」。

為什麼要宰制大自然？笛卡兒說這是為了享受大自然的益處，盡情享受它供應的一切，也為了發明「無窮無盡的機器」的樂趣……但最重要的是，不再忍受大自然、也不必再為它受苦。利用科學給出「無窮無盡的承諾」：永遠身強體健，盡量擺脫肉體上的束縛，享受每一天。對進步的謳歌在現代[9]達到頂點：科學的發現、技術的進步和科技的發明都不勝枚舉，而且進行著一場似乎不斷加速的賽跑。這種對大自然的概念是對它本質的一種「貶低」，把大自然降級到一個我們可以開心汲取資源的程度，專為我們所用，也為了服務各種利益。在這種「奴役大自然」的模式裡，大自然的平衡不受重視，也不和諧。

在《世界報》（*Le Monde*）的一場訪談裡，人類學家李維史陀（Claude Lévi-Strauss）注意到，在西方文化裡，人們只崇拜自己製造的產物：精神作品、藝術作品或是技術發明。但是碰到其他生物，我們的行為「既不負責任，又放肆隨便」，他這麼說。所以我們不知道我們賴以維生的生態系統之平衡是很脆弱的。

---

9. 現代（temps moderne）約指十五至十八世紀。

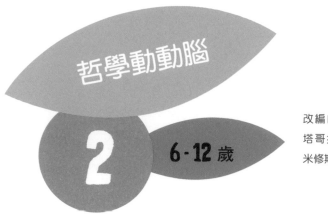

改編自柏拉圖《普羅塔哥拉斯篇》中普羅米修斯的神話。

故事

人類救星普羅米修斯

距今很久以前的某一天，希臘眾神正在宴飲狂歡。祂們暢飲葡萄美饌，縱情享樂，歡笑高歌，可是工作都還沒有完成，但眾神一點都不想工作。事實上，眾神創造了生物，但是這些生物依然赤裸，沒有特長。說到這裡，這正是讓眾神笑個不停的理由：魚沒有鱗片，老鷹沒有喙也沒有爪子，獵豹跑不快，變色龍不會變色……總之，動物如果繼續這樣子沒有半點特長，就無法存活！祂們必須要迅速採取行動。

宴會正酣，眾神之王宙斯召來泰坦神族的兩兄弟：普羅米修斯與伊比米修斯。「喂，那邊的你們！」他朝兩兄弟喊話，宏亮的聲音響徹天際。「到地上去給那些小動物一些特長，讓牠們繼續在宴會中娛樂我們。」宙斯交給兩兄弟一個籃子，裡頭是數量有限的特長，他們必須根據物種分配特長。弟弟伊比米修斯有些愚鈍，他迫不及待要完成可敬的宙斯交代的任務，請求哥哥讓他一個人去做這件工作。

普羅米修斯同意讓弟弟獨自去執行任務。他看著伊比米修斯打開籃子，抓出牛角給公牛，鱗片給魚，大爪子給了獅子……接著他把變色能力給變色龍，給小型動物動作迅速的能力，他就這樣分發著各種特長給所有生物。魚兒有了鱗片，總算能在大海和河流中游泳，還能輕易潛入水底。獅子多虧有了爪子，可以捕捉獵物來餵食自己。變色龍可以隱身捕蟲，不怕被看見。而老鼠跑得非常快，能躲開貓的追捕。只是問題來了！當伊比米修斯分光了籃子裡的特長時，他發現自己漏掉了一種生物：人類。人類赤身裸體，沒有鞋子，沒有武器，沒有覆蓋物，沒有獸毛，沒有羽毛，也沒有爪子，那副模樣真令人不忍卒睹。要是宙斯知道他犯了什麼錯……伊比米修斯開始感受到宙斯的怒氣。因為宙斯委派的任務向來只許成功，而且祂暴躁易怒，招惹他的人就會遭到天打雷劈。

　　想到雷擊，伊比米修斯就害怕得要命，他轉向哥哥，對他說：「普羅米修斯，我想我做了一件蠢事，人類還光溜溜的，可是我的籃子裡已經沒有特長可以給他們了！」聰明的普羅米修斯用盡心思地想，要給人類什麼，他們才活得下去呢？普羅米修斯經過思索後喊道：「我知道了！」他馬上開始攀爬雲朵，回到睡著了的眾神那裡去。他偷偷溜進赫菲斯托斯[10]和雅典娜的家中偷了兩個特長出來：火和技能。這樣人類就懂得怎麼製作工具了。

　　普羅米修斯回到地上後，把這兩個特長給了人類。人類立刻開始升火禦寒。接著他們製作武器，驅退猛獸。當宙斯一覺醒來，立刻就知道泰坦兄弟裡出了個小偷，因為宙斯無所不知，祂這個眾神之王可不是白當的！祂抓住普羅米修斯，用鐵鏈把他綁在一座山頂上，只有老鷹相伴，而老鷹可不親切。這就是想要拯救人類、彌補弟弟過錯的普羅米修斯受到的懲罰。

10.赫菲斯托斯（Hephaestus）是希臘神話中的火神。

請問以下問題

為什麼獅子沒有爪子就無法活命？那沒有鱗片的魚呢？

為什麼老鼠跑不快的話就會死掉？

你可以替其他動物找到優點嗎？

例如河狸、貓頭鷹、鷺、刺蝟……

為什麼故事裡的人類「赤身裸體」？

我們衣服底下的赤裸身軀，真的沒有防衛能力嗎？

為什麼普羅米修斯選擇從神那裡偷火？

會升火對我們來說有什麼用處？我們可以用火做什麼東西？

➡ 這個地方要協助年紀較小的孩子回答：我們可以用火轉變食物，可以鍛鐵，可以對抗其他怕火的動物，防衛自己，也能幫助我們在黑暗中看清楚……等等。

製作工具可以幫助我們活下去嗎？為什麼？

這個故事告訴我們人類比其他動物特別。為什麼？

➡ 做為答案的一部分，你們可以和年紀較大的孩子說，神話中，人類之所以能夠生存，是因為擁有兩項屬於神的特質。

2 把人類納入生物多樣性中

如果我們設想一下，大自然不是外界，那麼我們可以看見另一種邏輯，即生物的多樣性。要明白什麼是生物多樣性，就必須想像生物為了延續生命，在彼此之間建立了關係。這個邏輯造成物種之間必定相異，因為正是這種多樣性讓地球上的生命得以平衡。

把人類當成一個有其特點、特殊智能和獨特感性的物種，加入數百萬其他物種之中，停止用生物之間的優劣或甚至平等的詞彙，來思考物種間的互動。瞭解這些互動機制是給人類一個機會，明白生態系統失衡會對生命（我們的和未來世代的）造成後果堪慮，而且我們完全有必要遵守生物界的邏輯。

生態系統的平衡

據我們觀察，情況無可挽救：人類活動對生物多樣性所造成的壓力是與日俱增，消失的物種數量已破了紀錄，根據聯合國的報告，將近一百萬物種在未來幾年都會瀕臨絕種。造成這種大滅絕的原因眾多：野生動物的盜獵及非法買賣、大自然空間及森林的消失、海洋的過度開發、氣候暖化。二〇一六年的一份報告顯示，四十年內有超過百分之五十的脊椎動物群會消失。另一份來自聲譽卓著的科學雜誌《自然》（*Nature*）的報告指出，照這個物種群體崩潰的節奏繼續下去，所有物種會在兩百年後消失殆盡。在這樣災難性的背景下，生態系統的平衡情況危急已不只是威脅，科學家們談到了第六次物種大滅絕，將讓我們人類幾乎沒有倖存機會。

生態系統是一個空間或環境，動物和植物的各個物種在當中成長，相互依存，共處一地。世界上有許多不同的生態系統：從原始森林到海洋，還有我們的身體，因為裡頭住著會影響我們健康的細菌。要瞭解這種相互依存的關係如何運作，只要用蜜蜂的例子來說明即可。我們可能以為像蜜蜂這樣的物種消失，對我們的生活絲毫沒有影響，但是經過驗證，全球有三分之一的食物都仰賴蜜蜂授粉，如果沒有蜜蜂和其他像蝴蝶這樣瀕臨絕種的授粉昆蟲，我們就沒有番茄、櫛瓜、草莓、咖啡、巧克力……。

　　多虧授粉昆蟲，花能自行繁殖百分之九十，剩下的百分之十是由風來傳送花粉。蜜蜂採蜜的工作遠遠超越牠們自身的儲藏本能與餵飽自己的天性。除了生產蜂蜜，蜜蜂跟其他授粉昆蟲幫忙餵養了其他物種。海洋生態系統裡面也一樣：像浮游生物這麼微小的有機體，都在環境的平衡中扮演著要角。浮游生物有吸收二氧化碳的光合作用能力，得以淨化我們呼吸的空氣。總而言之，每個物種都在有利我們成長的自然空間之某種穩定上，扮演著要角。可是這個平衡已經被破壞，生態系統變得脆弱，我們看到外來物種入侵，經常將環境轉化成不利當地物種發展生命的地方。

哲學動動腦

3

6-12 歲

生物的多樣性

請問以下問題

閉上眼睛，想像一下：明天早上，當你睡醒張開眼睛時，地球上只剩人類。沒有其他生命，沒有植物，沒有動物，也沒有昆蟲了。沒有風，沒有雨。海洋跟森林都消失了。四季沒有了，不再有春夏秋冬，就好像你突然來到月球。要怎麼在地球上生活呢？有可能嗎？為什麼？

　　如果不下雨會怎麼樣？要是植物都長不出來了呢？

➡ 和孩子一起想像這個世界會是什麼模樣，一同指出在荒瘠、未開墾的世界裡，我們的生理及心理會缺少什麼。

　　你會想要生活在一個只有人類，沒有其他生物的星球上嗎？

　　　　為什麼？

　　今天，在我們生活星球上，有數百萬個多樣性的物種。

　　　　為什麼物種會這麼豐富？

哲學動動腦

4

6 - 12 歲

這裡的目的是要連結提問和本章的創意勞作。我們建議參考兩支輔助影片：讓年紀較大的孩子看一支簡短的解釋性影片：《Quésaco？》第七集「授粉」[11]；給年紀比較小的孩子觀看影片《拯救我們的授粉昆蟲》（Sauvons nos pollinisateurs）[12]。

問題

生態系統的運作

閱讀內文，然後請問以下問題

所謂授粉，就是從一朵花運送花粉到另一朵花去，以便植物自行繁殖、開花或結果。有時候我們會在春天看見樹和植物的花粉移動，但是對花或果樹而言，昆蟲就是傳送花粉的冠軍。我們稱牠們為「授粉昆蟲」。昆蟲為什麼要在花朵之間來來去去呢？為了吃啊！每一朵花都有花蜜，一種美味又香甜的汁液，蜜蜂、蝴蝶、大黃蜂，甚至蒼蠅都愛吃。幸好有昆蟲，我們才吃得到蘋果、梨子、草莓或巧克力。因為這些昆蟲造成植物結果，而蜜蜂正是這些昆蟲當中的冠軍。蜜蜂勤奮不休地採啊採啊採，不斷採蜜。然而蜜蜂並沒有發覺牠在採蜜的時候，也讓植物長出果實來，蜜蜂做的那些事只是為了生產蜂蜜，讓牠的蜂群和自己身體健康，甚至在冬天都能填飽肚子而已。

蜜蜂在不知情的狀況下產生果實，帶給我們什麼教訓？

蜜蜂教會我們什麼事？

這個問題是要我們把授粉昆蟲的工作看作參與一個機制，這個機制不僅能延續生命，還超越昆蟲單純為了填飽自己肚子的意圖或意願。

為什麼我們人類需要蜜蜂和其他授粉昆蟲？

》給大一點的孩子：以授粉為例子，為什麼我們會說大自然是個一切都息息相關的系統（生態系統）？根據影片，我們保護蜜蜂是為了防範什麼？為什麼？

11. https://www.youtube.com/watch?v=vh9SPm3YcvU，這是比利時那慕爾大學（l'université de Namur）為兒童製作的影片。
12. https://www.youtube.com/watch?v=YYI-TaMS3sg，這是歐洲一項環境資訊及保護計畫中專為幼童製作的動畫。

注釋11

注釋12

時間與責任

二〇一四年，《世界報》的一篇文章提到中國西南方的四川果園有一群「授粉男女」。中國恣意使用控制植物病蟲害的產品（即殺蟲劑），蜜蜂還來不及授粉就死了。為了確保蘋果生產無虞，必須由人工來處理蜜蜂的工作，為一朵又一朵的花授粉。

姑且不論這種做法引發我們好奇和四川果園員工的龐大工作量，我們也明白，人類活動強加在環境上的束縛，遲早都會造成我們自己生活上的苦果。

這麼多年以來，這個深刻影響和這些翻天覆地的變化，形成了所謂的「人類世」（Anthropocene）。自工業革命以來，人類（anthropos）就改變了環境，直到成為這些劇變的首要原因。換句話說，沒有任何地質及自然力量，能像我們的生產及消耗模式那樣對大自然造成巨大衝擊。

漢斯·喬納斯（Hans Jonas）是率先倡議「責任倫理學」的哲學家之一。據喬納斯所言，我們的職責就是限制我們對大自然的衝擊，保護未來的世代。對他來說，人類的救星普羅米修斯沒有被鐵鏈綁在高山上，而是「被解除鎖鏈」，放縱自己在對技術與進步的狂熱中。他說「現代技術的承諾轉變成威脅」，並說我們在已開發的工業化國家中體驗到的「饗宴」，不可能再按照這個節奏繼續進行下去，卻不會無可挽救的影響地球上生命的未來。

喬納斯認為責任感取決於我們對他人的關懷與擔憂。因為我們關心他人的福祉，所以我們才應該行動。因此他說恐懼是改變最主要的動力：看見自己的親友、孩子甚至後代子孫受苦的恐懼。然而喬納斯認為真正的災難是，「放任」與「聽憑人類支配大自然」，這等於漠視生命。

問題

面對生物的責任

請問以下問題

何謂對大自然的「不良行為」？

必須「捍衛」大自然的念頭是哪裡來的？要對抗誰？對抗什麼？

為什麼要維護地球上的生命，植物的、動物的和人類的生命？

為什麼要保護森林、河川、海洋？

》給年紀較大的孩子：我們有捍衛地球的行動能力嗎？為什麼？

➥ 在這裡，孩子可以指出大人和國家的責任，並且直覺到政治家及政府的職責就是必須為維護環境而行動。

➥ 討論個人及群體的責任，有需要的話可以參考結論。

3 找回地球

十八、十九世紀文學中的大自然就像個理想典型，適合詩人沉思，獨處創作。大自然在文學中一下子被視為帶有絕對的神性，一下子又是憂鬱靈魂的慰藉。

這個時期的哲學家也頌揚大自然的「卓絕」及偉大。對哲學家愛默生[13]而言，找回地球就是找回自己兒童的靈魂。他說「很少大人懂得觀看大自然」，然而大自然使人類恢復純真、對美的敏感度。和諧是美的涵義之一，也是大自然為觀賞它的人所提供之樂趣，從香味、色彩和風光的「美好」感受而來。愛默生說：「從田野和森林得到最強烈的美好感受，就是暗示人類和植物世界之間隱藏的關係……然而產生這個美好感受的能力，並不在於大自然，而是在人類身上，或是位於兩者間的和諧之中，這一點我可以確定。」

人類與非人類間的智慧與持續性

愛默生在十九世紀說的人類與非人類（動物與植物）間的「隱藏關係」，今天的我們有能力思考，並更加理解。然而讓現代的我們懂得這個關係的不是詩詞，而是生物學、生理學或生態學的用語。譬如日新月異的科學及動物行為的研究，都讓我們得以發掘生物之間的關聯與關係，還有這些關係對我們環境的衝擊，例如氣候。我們更理解物種在調節某些自然環境上面，扮演著什麼角色，甚至讓我們像達爾文那樣，相信或承認動物和植物有為了生存而適應環境的「智能」。

儘管植物的智能還在辯論中（它們沒有神經系統，也沒有神經元），但它是研究對象；科學家揭露植物就跟樹木一樣，能夠解決問題並因此適應。但是植物也能夠透過電波傳遞資訊，甚至利用蕈類或根傳遞生化訊息。我們因此學習到，植物多虧讓它們預知危險、通知同類潛在危機的接受器，而具有「感覺能力」。因此植物神經生物學的創始人司特凡諾・曼庫索（Stefano Mancuso）解釋，被昆蟲攻擊的植物為了脫困，會發展出數十種策略。

　　這些新研究揭示生物體內有某種認知能力在運作，並讓我們產生是否應該尊敬植物的疑問：譬如，我們應該保護森林，斷然停止傷害它們嗎？我們應該賦予某些植物權利嗎？

　　承認植物和動物有智能或許是一個機會，讓我們西方文化接受它們對各種形式的生命得以延續是重要的，並重新思考人類智能是眾多智能當中的一種，而且其他物種的智能也同樣獨特。此舉或許會導致生物界重新建構，它不再呈現金字塔型，不再有人類「突出於」其餘生物，而是物種彼此影響，而且都具有特殊的智能和感覺能力。

13 愛默生（Ralph Waldo Emerson, 1803-1882）是美國重要的思想家、散文家、詩人。

問題

植物的智能

閱讀內文，然後請問以下問題

科學家發現樹木可以彼此「溝通」，特別是發出一種肉眼看不見的物質「植物激素」（phytohormones）。樹木透過樹根溝通，或是使用「信差」蕈類，讓它們傳訊息給另一棵同種類的樹。樹木為什麼要交談？它們在說什麼呢？

試著想像樹木能聊什麼

讓我們舉個例子：長頸鹿愛吃相思樹，牠們喜歡這棵樹的葉子，因為相思樹葉充滿水分。相思樹為了避免葉子被食用，分泌出一種毒液，使葉子具有毒性。突然間，長頸鹿就再也不能吃了，否則會生病。那麼相思樹是傳出什麼樣的訊息給其他相思樹呢？

（答案：相思樹要警告其他位於長頸鹿所在區域附近的相思樹，這樣它們的葉子就會產生同樣的有毒物質。）

我們最近發現森林裡的樹木不會觸碰彼此：它們高處的樹冠並不會貼緊。顯然樹木在彼此之間留下空間，為的是讓陽光穿透，下層植被才可以生長。因為沒有陽光，就沒有植物和蕈類。如此一來，樹木就可以互相幫助了。

什麼是互助？

我們可以「不求回報」，無緣無故幫助彼此嗎？

如果植物可以彼此溝通，甚至能跟某些昆蟲溝通，

以保護自己不受天敵攻擊，我們能說植物聰明嗎？為什麼？

為大自然驚奇，理解它，並且尊重它

　　只要我們認為大自然是外界，而且屬於在感性與智能方面比我們低下的物種，我們就會「退化」。李維史陀說得很恰當：「關心人類，卻又不同時以互助的方式關心其他生命，無論我們要不要，都會導致人類壓迫自己，幫人類打開一條自我迫害、自我剝削的路。」換句話說，沒有打從心底尊敬生物，不重視所有存在的生物，無論是物種、環境及「天然」空間（海洋、山、森林），人類將會自食惡果。因為過度開發自然空間，忽視、傷害它們，就是在破壞我們自己的平衡。我們相信自己是高等生物，一直把大自然看作沒有靈魂、沒有心智，也沒有感覺的自動玩偶。李維史陀把這個自以為聰明的優越感稱為「幻想」，它造成人類社會中其他形式的暴力和支配。若我們自稱高等，將導致永無止境的等級劃分：一個文化優越於其他文化，一個種族優越於另一個種族，皆會導致衝突、戰爭或種族滅絕。

　　與大自然和諧共處的想法有些理想化，而且像是小說情節，因為和諧暗示著和睦與平靜，只是大自然也不乏災難和各式各樣的危險。要有保證生命可以依照某種穩定性延續下去的尊重態度，前提就是瞭解生物機制裡的邏輯，承認生物有其他形式的認知能力和感覺能力。許多被稱為「原始」的文明，證明人類祖先深知物種互相依存：這些文明都清楚在我們稱為「大自然」的東西裡，萬物相連，這樣才能維持（脆弱的）平衡。這個平衡正是所有形式生命所賴以維生的。

結論

　　等我們懂得大自然與人類不是一邊一國的時候，就可以想到地球上所有生物的多樣性，並觀察物種之間的相異性。我們可以加入其他生物，擺脫自以為是唯一能控制並轉變大自然的「例外物種」的自大。我們也可以看見生物階梯裡的關係，明白生命仰賴著我們無法控制的關係。

　　為了呼吸、進食、延續生命，必須在已知的環境裡創造一種平衡。人類、今天及明日孩子的挑戰，就是維持並且守護這個平衡。因此有兩件現在及未來都非做不可的事：理解生物機制，讓所有生命都有可能生存及延續；還有面對人類對大自然所有形式的支配時，能因為見聞廣博而反抗。

　　即使年幼的孩子也握有捍衛環境的能力，我們看見格蕾塔‧桑伯格（Greta Thunberg）發起運動，她是一位投入氣候暖化抗爭的年幼瑞典環保行動家。她提醒我們，孩子並非我們想像的那麼弱小。沒錯，在哲學工作坊及教室中，孩子都提醒我們，他們十分清楚什麼樣的危險在前方等待自己，而且他們只期待能說服大人還有那些治理國家的人，聽進他們的心聲。

故事

如果地球會說話

我差不多比你大了四十億歲，小人類！我不擔心逝去的時間。相反的，我很喜歡事情不斷重來：萬物有生有死，生命跟隨太陽的曲線。我熱愛繽紛的色彩和奇特的形狀，這就是為什麼我發明了那麼多植物和形形色色的花朵。

我給花朵的色彩越鮮豔，香味越濃郁，它就越能吸引昆蟲。昆蟲也是我自己的小創作。昆蟲在花叢間流連，讓植物能夠結出你們這些人類愛吃的果實。有些昆蟲歌唱，有些跳舞，例如蜜蜂。有些甚至會推大泥球和糞便，像金龜子。

我讓高壯的樹木生長在森林裡，地上的部分比在空中的還要大，而且每一棵都長得不一樣，葉子和樹皮都千差萬別。岩石供所有生物休息，由於我喜愛深淵，我就挖出岩洞和海洋。

這些大海裡有另外一個世界：住在裡面的魚和海底生物任何顏

色、各式形狀、各種尺寸都應有盡有。海草有時像海棉，有時像彩色的小樹。我保護著數百萬不同的物種，看著牠們，我滿心驕傲。我和宇宙無時無刻都在工作，這樣才能長久維繫平衡：太陽升起，植物可以生殖成長，因為沒有陽光也沒有水的話，什麼都活不了。

下雨的時候，地底活動起來，若是暴風疾雨將森林裡的樹連根拔起，或帶走許多生命，我會接受事實，再讓其他樹木與生命開始生存。因為我賦予的生命只會出生一次，這樣其他生命才能生存。

因此每個個體都是獨一無二：例如你們人類，每個人有自己的臉孔，自己的指紋、嗓音、眼睛……而且你們永遠遇不到跟自己一模一樣的人。

你們稱呼我為「大自然」，但是我沒有名字。我愛動作，所以生物都會呼吸。我覺得狡猾很有趣，因為那是維持存續的優點。我尤其喜歡你們稱作「愛」的東西，多虧愛，才有生生不息的生命不斷茁壯。鳥和魚爭奇鬥艷，展現牠們最豔麗的色彩來引誘雌性，像開屏的孔雀。我有成千上萬的東西是你們看不見的，像是單細胞生物。也有很多你們感覺不到的生物，因為每個物種的感覺方式不同，就像每個物種用自己的方式展現聰明。我有無窮無盡的事物，你們只需要問我，就可以開始認識我。

但是認識我的最佳方式就是閉上眼睛，靜靜吸氣，因為我透過你們活著。

請問以下問題

如果可以問地球問題，你們會問什麼？

例如：為什麼你有時候會搖晃呢？為什麼昆蟲會叮人？

仙人掌怎麼能活在沙漠裡？

風有什麼用處？

➡ 一起收集資料，以便回答孩子的問題。

為什麼地球說要感覺自己活著，只要呼吸就好呢？

地球想要我們人類如何生活？

為什麼愛、狡滑或美那麼重要？

地球美在哪裡？

➡ ──討論問題：愛是好事，因為……

狡猾或聰明是好事，因為……

接下來和孩子一起尋找他們愛看的花、樹、貝殼等等。

問他們為什麼喜歡這朵或那朵花、樹、昆蟲、石頭……

創意動動手

製作大自然拼貼畫

請見「哲學動動腦4」

散步及討論哲學所需時間：30分－1小時

創作所需時間：1－1.5小時

生物的和諧

你們要用自己找到的植物或天然素材，

製作一幅動物或昆蟲的拼貼畫。

你們的創作會讓人聯想到大自然與其他生物間的和諧與共生。

我們企圖激勵孩子重新與大自然連結，讓孩子感悟大自然的美，

培養他維護大自然並且敬重它的意願。

材料

- 紙、花、花瓣、枝條、樹枝、草、苔蘚、羽毛或其他在森林或公園裡找到的各種形狀、尺寸的植物／天然素材
- 孩子想要表現的**動物或昆蟲的圖片**（非必要）
- A4尺寸的**紙板或白色卡紙**，彩色的也可以
- **強力膠**或矽膠接著劑、膠水

- 色紙（非必要）
- 色鉛筆、彩色筆或其他繪圖工具（非必要）
- 製圖鉛筆
- 橡皮擦
- 剪刀

鉛筆

剪刀

膠水

參考圖片

天然素材

彩色筆

水性色鉛筆

白紙

步驟

訣竅

- 進行大自然活動時，要記得帶帆布袋或籃子去裝撿到的天然素材。
- 盡可能使用已經掉在地上的天然素材或已經開始凋謝的花束。
- 你們可以找想要表現的動物圖片來做為靈感、描繪牠的形狀。
- 你們也可以列印圖片來描邊打底，方便製作牠的身體。
- 你們可以修剪素材，像拼貼畫那樣混合天然素材。

準備零件

如果你們希望作品持久，顏色能保持而不會褪色太多，可以把葉子和花夾進書裡，壓幾天，讓它們乾燥。如果你們想加快乾燥時間，可以放進微波爐。

1 如果要用整朵花，最好注意它是否夠薄，或是否容易壓平。如果你們用的花比較厚，最好只用花瓣。用手指頭壓平花瓣或葉子，再夾入兩張廚房紙巾或是對折的紙裡。

讓花和葉子乾燥（非必要）

2

把夾著花的紙放進字典之類的厚書裡壓平。重複這個動作，把夾有其他花或葉子的紙放進這本書的其他地方。可在這本書上面放另一本書來增加重量。

平面押花法：把葉子夾在書裡幾天或是一週，讓它充分乾燥。

微波爐烘乾法：夾有花（或葉子）的紙用書壓平幾分鐘後，輕輕拿出來，再整體（花還夾在紙中）放進微波爐裡。如果加熱的溫度過高或時間太久，可能會損壞花朵的顏色。我們建議先以中溫試二十分鐘，並確認葉子或花都變得很「脆」；如果已經很脆，表示它們已經乾燥完成，否則就需把還溼潤的花或葉子再微波幾秒鐘。

創作自然拼貼畫

3 先在A4卡紙上，畫你們想表現的動物或昆蟲圖案。試著畫出輪廓或形狀。如果你不太會畫畫也沒關係，可以用照片當範本，描下輪廓或把動物的身體分成不同的形狀。當然不一定要使用圖片，但若有圖片可參考，較容易引導孩子下筆。你們也可以在草稿周邊畫上背景，或用一個幾何形狀把你的動物／昆蟲圍起來。

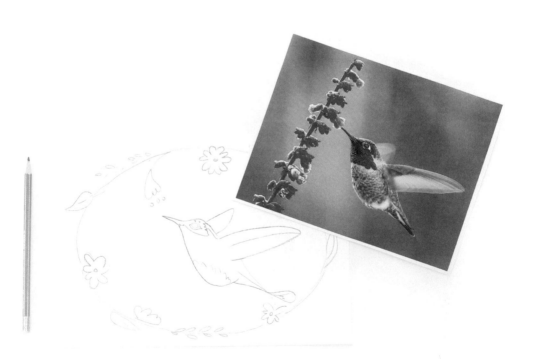

4 接下來用你選擇的畫材，妝點背景或是動物的輪廓。
中央要留下足夠的空間，讓你做動物／昆蟲的拼貼畫。

5

集合所有在大自然中散
步時取得的素材。把玩
一下材料，找出最適合
你想表現的形狀和最佳
位置。

6 要製作動物／昆蟲，想一下牠的身體是由什麼形狀組成，再多方嘗試各種材料，找出你最喜歡的樣子。例如：葉子表現翅膀，樹枝表現觸角、腳或鳥喙，花瓣表現羽毛或鱗片……你們也可以修剪素材，讓它們變成你想要的形狀。

7 選好創作動物／昆蟲的身體想使用的素材，把它們放到圖上的預訂位置，接著黏牢在卡紙上。

8 如果你們想或需要，也可以加上紙片來增添形狀，或是著色裝飾你們的拼貼畫。你們也可以在背景裡加上天然素材（景觀）或是圍起你的動物。

9 等孩子對自己的創作感到滿意了，把它放進畫框裡或掛在牆上。

3

人類與動物之間
存在藩籬嗎？

和野獸的「兄弟情誼」

在本章節中⋯⋯

哲學

是什麼？我們在本章中要著眼於人類和動物的關係。我們會看到動物不是只有一種，而是數百萬種。我們會去質疑自己對「何謂人類特有」的信念：意識、語言、同理心、智慧都是專屬人類的優點嗎？

怎麼做？我們會請你們思考：我們為何對動物這麼著迷。從野生動物到家畜，我們會思考動物種類的豐富，以及牠們多麼百伶百俐。

為什麼？思考動物就是以物種的角度想想我們跟世界的關係。今天有不可勝數的物種已經消失，那麼野生世界、地球生命的多樣性中，還剩下什麼可以留給未來的世代？如果我們希望尊重其他物種全體的存續，首先必須改變我們的想法。

目標 質疑我們深信不疑的觀念和根深蒂固的文化習慣，思考生物的多樣性與豐富。和孩子談論人類的支配權和優越性的問題。

創作

做什麼？我們要用「圖騰動物」來創作吊飾。圖騰動物是一種被當作神明或祖靈守護神崇拜的動物，普遍存在於許多文化之中。

怎麼做？我們要用卡紙製作一個圓形的雙面吊飾。你們經過思考後，在其中一面寫下人類與動物的相似處，即我們共通的特徵與需求。然後將自己選擇的四種圖騰動物拼貼在另外一面。孩子可以在這一面寫下他欣賞這四種動物什麼優點。如此一來，當吊飾掛起來後，一面會反映出人體以及我們與動物的共同優點，另一面則是我們欽佩的物種。

為什麼？藉由選擇自己的圖騰動物完成這個作品，孩子會經常提醒自己啟發他的動物之能力及特質。這個吊飾告訴我們，人類並非唯一擁有智能或認知能力和感情的物種。

目標 刺激孩子對其他生物產生同情心與同理心，意識到他們在維護生物上的重責大任。讓孩子體悟到其他物種的優點，有助於發自內心的尊重動物。

前言

　　人類與動物間的關係會隨著文化和時代而異。如果我們回溯到遠古時代與人類組織、文化表達的古老形式，會發現所有歐洲或亞洲的舊石器時代岩洞中，那些最古老的壁畫都在表現動物。我們都記得多爾多涅的拉斯科（Lascaux en Dordogne）洞穴岩壁上的狩獵場面，也欣賞阿爾代什的肖維岩（Chauvet en Ardèche）洞裡的犀牛或獅子圖案。但是思考一下，我們不免產生疑惑：要如何解釋人類偏好畫野生動物，而不是人臉或景色呢？雖然有一些藝術表現、「手痕」、或雕或刻在岩石裡的人體和生殖器，但大多數有繪畫裝飾的岩洞都是古代動物的舞台，動物的戲份非常吃重。

　　專研原始藝術的科學家和考古學家只能提出假設，藉以試著瞭解老祖宗的「藝術」選擇。壁畫就跟所有文化表現一樣，在一個難以還原的特殊背景下出現。在那麼偏遠的地方找到這些年代久遠的圖畫，我們實在感到驚奇，但我們可以假設，這些畫有一個共同的主要功能：畫動物或許代表象徵性的支配。

想像尼安德塔或奧里尼亞[14]的藝術家在畫動物的時候，是在對抗他們必須生存的原始世界，其力量是很吸引人的。

無論是崇敬動物，害怕動物，畏懼動物，甚至憎恨動物，我們在所有文化中都注意到人類會觀察、想像野獸，藉以更加瞭解自己。在西方社會中，動物總是被當作「鏡子」，一個反面借鏡：除了幾種家畜（可能還很難說呢），人類和動物就像正反兩面，兩者恰恰相反。我們人類有的，例如智慧、感覺能力，動物一概沒有。

今天，動物漸漸「受到重新審視」。動物倫理學的興起，因而查看我們對動物該有的行為，使我們重新探討動物在各方面都比人類低下的觀念。

我們將要思考區隔人類和其他物種的「藩籬」是否存在，討論一個迫切的問題：人類跟其他動物一樣也是動物嗎？

14. 奧里尼亞（Aurignacien）是位於歐洲西部的一種舊石器時代文化。

1 我們說的界線是什麼？

提問人類與動物之間是否有藩籬，就是質疑人類與其他物種之間有條分隔線。「人類」一詞指稱單一物種，「動物」一詞卻涵蓋了從軟體動物到節肢動物，像是昆蟲、甲殼動物等等，當然還有脊椎動物、無脊椎動物……等數百萬不同的物種，甚至海綿這種基本生物，而它正是生物界中的老祖宗。

承認動物與人類有所區別，就是認為人類是「例外的」物種。對我們西方人來說，要承認這個觀念並不難，因為它在我們的文化中廣為流傳。長久以來，我們都認為動物沒有智慧又無感。由於我們認為動物只受本能驅動，經常只肯承認牠們「暴戾的一面」、凶猛還有各種生理欲求。而受到猶太－基督教傳統、接著是文藝復興薰陶的人類都被視為「高等物種」，而且在各領域中誇勝道強。智慧、意識、機巧或甚至心智 （還有信神的直覺）都是人類才有的優點，因此，凡是放縱無度或缺乏其中一項優點的人，都被指控為「自甘墮落」到區區一隻動物的等級。

某次哲學工作坊的孩子提醒了我們，我們還在使用「跟驢子一樣蠢」或「吃得跟豬一樣髒」這種說法：總之，我們動不動就說，智慧不高或有失高雅就是畜生，若不是蠢就是粗魯，或者又蠢又粗魯。

最後一點，我們瞭解自己往往依照**動物所不是的**或**牠不具備的**來下定義，暗示了動物缺乏只有我們擁有的功能和優點。

什麼是動物？

在拉丁語中，anima意指「呼吸」或「靈魂」，是「生命」的同義字。單數的「動物」意義籠統，因為這是一個集合了數百萬不同物種的名詞。然而動物的特性都是以組織化的方式生活，敏感又可以移動，毫無例外。在生物分類方面，我們依照以下性質來辨識動物：有頭、（或）有口、（或）有眼睛。動物也有身體，有的有骨骼，有的沒有（或貝殼）。別懷疑，就連某些軟體動物都有眼睛，而扇貝有將近兩百隻眼睛……

每種動物都具有一個保命的本能（即著名的求生本能），擔保物種的存續。這股「盲目的力量」驅策每個個體生存，並為了這個目標讓自己適應。從進化的觀點看來，所有動物都狡猾多詐，躲避被獵食的危險，最終逃避死亡。

自以為優越的人類

肯定人類較其他物種優越，就是說人類擁有一些「獨有」的優點，其他物種都沒有，而且這些優點給了人類優勢。儘管要詳列所有我們長久以來拒絕賦予動物的優點很難，我們還是可以分辨出五個，而且不見得只能有一個優點：

- **意識**：我們常聽說動物沒有意識，牠不知道自己存在，不曉得自己是誰，不清楚自己在做什麼，更不知道**為什麼**牠要這麼做。動物就跟「機器」一樣，都是出於回應本能的直覺反應。

- **語言**：動物因為沉默不語（至少大部分動物如此，所以我們就當牠們不會說話了），我們就想像牠們無法溝通，無法組織團體或交換資訊。

- **智慧**：動物因為沒有意識也無法說話，立刻被認為對自己和同類及周遭世界「懵然無知」，因此我們認為動物無法理解抽象，也沒有邏輯，更無法思考。

- **敏感**：動物是否敏感的問題，這裡指的是牠們感覺到歡愉或疼痛的能力，是動物與人類關係的故事核心。儘管我們今天已經不懷疑動物有感覺痛苦或是體驗歡愉的能力，許久以來，我們還是把動物看作毫無知覺的生物，就像理性哲學家尼可拉‧馬勒布洪許[15]認定動物是「機械式」的反應疼痛。

- **技能**：動物行為學的最新發現，打破了只有人類能操縱工具的觀念。的確，從人類「不斷」製作工具、製作個不停的這個意義看來，人類是「匠人」（homo faber，這是哲學家亨利‧柏格森[16]的用語），但某些物種似乎不是沒有這種技能，儘管牠們做出來的東西簡陋。

---

15. 尼可拉‧馬勒布洪許（Nicolas Malebranche, 1638-1715）是法國哲學家、神學家。
16. 亨利‧柏格森（Henri Bergson, 1859-1941）是法國哲學家，也是1927年的諾貝爾文學獎得主。

1

8 - 12 歲

問題

人類與動物有什麼不同

請問以下問題

我們說人類與動物之間有個界線是什麼意思？什麼是界線？
學校哪一門科目裡有提到過？

➡ 有需要的話，幫助孩子定義「界線」這個詞，引導孩子理解劃分兩邊的界線（真實或想像）的概念。以地理來說，就是區別兩個國家的疆界。

為什麼我們常說動物跟人類不一樣？哪裡不一樣？

➡ 鼓勵孩子盡可能提出人類與動物的相異處。他們劈頭一定會跟你們說智慧，但是答案可以五花八門，引發熱烈的交流。

為什麼我們有時候說動物比人類低等？

➡ 再一次竭力思索所有動物似乎缺乏的特性。本章前文列出來的特性並不詳盡。

問題

動物是什麼？

請問以下問題

動物是什麼？動物是什麼樣子？

➡ 有需要的話，幫助孩子描述各種動物，無論他熟悉或不熟悉的動物。描述某些動物的外貌和行為。

你跟貓咪之間有什麼不同？你跟烏龜的不同處？
你會做什麼事，而貓咪不會做？

➡ 這裡是要探究人類與動物之間的不同：人類會做而動物不會做的事，例如築城。以及動物會做，而人類不會做的事。

動物的智能

在某次同樣主題的工作坊裡，針對「我們說動物比人類低等的理由是什麼？」的問題，孩子不假思索的第一個答案是：「因為動物都很奇怪……不會說話。」很快的，孩子開始提到人類與動物間各種細膩的區別：「我們認為動物停滯不前」；「動物只是反應當下的刺激，都是反射動作」；「我們人類會發明工具，但動物沒辦法炮製。」

當我問動物是否比人類聰明或駑鈍，他們回答我：「動物比較聰明。」接著一名學員修正：「動物跟我們一樣聰明。不一樣的是我們人類。」

上述的這些交流，我在這裡只簡單概述，其實內容豐富得多，因為它們證明今天的孩子對動物有智能這一點是相當開竅的。

然而，否認動物有任何形式的智能，是一個悠久傳統。許多古希臘思想家拒絕承認動物有理性，像亞里斯多德就斷言動物不懂得——列舉對牠們有益或有害的東西。意思就是，我們認為動物不僅沒有裁判能力，也毫無道德觀念，是非不分，不識公平與不公。

時至今日，我們定義人類智能不只一種，不會純粹只考量德性。理解和解決問題，還有適應一個情況或特殊環境，也可以說是智能的「展現」。例如，哲學家巴斯卡（Pascal）所說的「幾何精神」是指精通驗證藝術，懂得應用幾何原理。我們也可以說一個人有判斷能力，或是按照巴斯卡的分法，這叫做「敏銳精神」。我們也會根據某些抽象的認知能力來測量智能，一個人處理一項（或多項）資訊的速度。

然而智能並不侷限於算數或判斷能力。我們也可以說到情緒智能（理解自己情緒並辨認其他人情緒的能力）、人際關係智能（與其他人互動、表達自己並溝通的能力）。總而言之，智能不是只有**一種**，而是**很多種**，跟某種原因、某種情況有關。

　　今天我們觀察到狡猾多詐的物種多不勝數，不得不承認動物**不只有一種**智能。自古以來，章魚和狐狸就因為牠們欺騙對手或獵物的能力受到讚賞。狐狸可以持續趴伏裝死，挖掘曲折的地道以保更加確實的捕獲獵物。而章魚會隨著環境改變外表，逃避敵人或捕捉獵物。

　　我們也常聽說動物沒有記性，然而黑猩猩的視覺記憶力比人類的更加優異，可以迅速記憶一連串數字，再排列出來。雀類可以藏起將近兩百種食物，然後一一找出來。你們可以試著在家裡藏兩百樣小東西，一段時間過後，你們極可能很難全部找出來。辨識面貌也不是人類獨有的能力，因為許多物種，像是黑猩猩、烏鴉或蜜蜂等等，都能分辨個體、面貌、人臉，有時候甚至是表情。

　　動物的情緒智能越來越常受到觀察，尤其是同一個族群成員或不同物種間的合作方面。在某些哺乳類動物身上，像是大象或鯨魚，有顯著的同理心。我們觀察到大象會帶食物給生病的同族成員，座頭鯨會幫助、保護一隻遭殺人鯨攻擊的海豹……在哺乳類動物、烏賊或鳥類等動物身上，也有無數類似的互助場面。

2

6 - 12 歲

問題

人類智能與動物智能

?!

須知：我們經常**透過智能的稜鏡**來看待人類和動物之間的關係，然而人類與動物的智能似乎只有程度的不同。

請問以下問題

聰明是什麼意思？動物可以是聰明的嗎？為什麼？

➡ 和孩子一起按照特例，探究不同的智能：

蜜蜂有何智能？黑猩猩呢？烏鴉呢？

可以借助下方的例子，解釋給孩子聽。

動物展現智能的幾個例子

- 我們最近在烏干達的奇巴爾（Kibale）國家公園裡，發現生病的黑猩猩會吃樹皮，清除寄生蟲。只是這些樹皮很苦，健康的動物不會食用，所以表示黑猩猩會為了恢復健康而改變飲食。

- 一項最新的研究顯示，森林裡的猴子懂得利用叫聲示警，不只能通知獵食動物出現，還能根據不同的叫聲，知會是哪一種獵食動物（獵豹或老鷹）或危險（樹倒下）。

- 烏鴉會製造小型工具，能「組合」數種材料。在最近一次的實驗中，四隻烏鴉沒有經過事先教學就互助合作，用數個不同的塑膠零件做出一根桿子。有了這根桿子，牠們可以打開一個裝有甜食的盒子。可見牠們會解決問題，製作模型，並完成一個適用於某個目的的工具。

- 靈長類動物能辨認臉部，甚至是人類的。我們可以看到科學家和久未見面的猴子相擁的畫面。同樣的，在烏鴉或甚至綿羊身上都有辨識臉部的情形。有些捉烏鴉來研究的科學家必須戴面具，以免被烏鴉認出來而被報復。某些黃蜂也有辨識同種個體的能力，然而牠們並沒有綿羊或烏鴉的大腦，只有神經節而已。

- 在群體智能方面，候鳥飛翔時的隊形特別有意思，牠們在天空形成人字陣形，帶頭的鳥兒最吃力，後方的鳥則利用前方的鳥拍翅製造的上升氣流，所以過勞是鳥類最大的死亡風險，為了避免累死，鳥會經常變換位置，輪流帶頭。所以候鳥的遷徙是合作和共享努力的結果。

2 動物是人類中心主義的受害者嗎？

我們都是被童話跟寓言哄大的，這些故事的主角都是動物。我們只需要觀察童書店的書架，就能注意到絕大部分的少兒文學都有各式各樣的動物插圖，可見我們是借助動物世界的呈現來教育孩子。某些動物的特徵在兒童的精神建構裡扮演著要角。

人類對動物世界的讚嘆在藝術裡一樣普遍，尤其是最早的藝術（裝飾在岩洞裡的壁上）或是原始或初期的眾多藝術品。可是我們喜愛動物，將牠們樹立為模範卻又惡待牠們，豈不是很矛盾嗎？

我們目睹的物種大量滅絕，很大部分是人類活動造成的。沒有被人類馴養的動物和佔據的空間都漸趨稀少，野生動物受到來自四面八方的威脅。一方面是野生動物的盜獵與買賣，另一方面則是對動物的剝削，讓人瞥見我們與動物的矛盾關係：動物受到喜愛、仰慕，但也是恐懼及厭惡的來源。牠們經常是人類的貪殘酷烈下的犧牲品，人類為了達成一切目的，毫不猶豫役使、利用牠們。

這個矛盾關係源自於「動物是野蠻低下的奴隸」的觀念，正如斯多噶派哲學家愛比克泰德[17]所說。他在著名的《對話錄》中說，動物都是「生來要被奴役」的生物。換言之，順著這個役使動物的邏輯，把動物當成工具使用誰都可以接受，而且天經地義。再循著這個概念，人類是高等生物，因為他是**唯一能夠思考**的生物。這種人類中心主義，把人類視為萬物的中心、高等生物（我們在基督教的眾多觀點裡可以見到）。套句笛卡兒的話，人類自視為「大自然的主宰及擁有者」，人類感覺自己大權在握，甚至法力無邊，凌駕其他所有物種之上。

不過一直以來都不乏反抗這個人類中心主義的觀點，無數像是普魯塔克[18]、畢達哥拉斯、達文西或蒙田等思想家都反對虐待動物。為此，除了重新思考、重新評估人類，甚至撤銷人類宣稱的優越性，別無他法。

民族學已經證明其他文明都懂得在發展人類文化之餘，同時尊重其他生物。

哲學動動腦　**3**　**8-12** 歲

哲言

「人與人之間的差異，多過動物與人之間的差異。」

──蒙田

解釋

兩個人之間的距離有「一個世界那麼大」。兩個人相信的事可以不一樣，也不欲求同樣的東西。他們可以不說同一種語言，也不做相同的夢，沒有一樣的過去，沒有同樣的文化……我們全然不同。蒙田認為比起和動物之間，我們和朋友、鄰居、陌生人之間的差異反而更大。

藉著這句哲言，討論孩子與同學的性格有什麼不一樣，你們和其他家庭成員、

---

17. 愛比克泰德（Epictetus）是斯多噶派的代表哲學家之一。
18. 普魯塔克（Plutarch）是羅馬帝國時期的希臘倫理學家及傳記作家。

同事或朋友之間性格的差異。問孩子：在最好的朋友身上觀察到什麼跟他不一樣的地方，然後和班上其他同學的相異。重點是從孩子身上盡可能「榨出」答案來；我們根據自己喜歡做的事、性情（害羞、膽小、勇敢、魯莽、愛笑、易怒等等），也根據我們外貌特徵、喜好……來分別彼此。

把蒙田的哲言說給孩子聽，問他們：蒙田想要表達什麼意思？我們跟動物有哪些共同點呢？

這個問題將引導你們，重新界定前述的動物定義，並與人類的本質作比較，想想外貌特徵：嘴巴、眼睛等等，還有和動物共有的求生本能、對痛苦與愉悅有感等等。

人類的獸性

佛洛伊德在他寫於一九一七年的《精神分析入門》（*Introduction à la psychanalyse*）中提到，人類的「自戀」因為三個重大的科學發現而遭受三次重創。這些發現之所以是「重創」，因為它們否定了人類中心主義，而且套一句他自己的說法，「人類天真的自我中心」無疑造成人類自以為是高等生物，自外於自然界。

第一個重創來自斷定地球不是宇宙中心的哥白尼。第二個是我們的重點人物達爾文，他因為「確定了人類是動物的子孫，證明人類一樣有難以磨滅的獸性」（佛洛伊德），推翻了人類在創世裡地位優越的概念。第三個是佛洛伊德本人貢獻了最後一次重創，他揭露無意識的存在，破除了人類在意識及意志上全能的觀點。

我們今天仍然把達爾文的演化理論視為人類學上的「革命」。人類這個

按照神的形象創造出來的「例外」物種，自此被認定為動物。人類的起源跟其他物種沒有兩樣，也跟其他物種一樣會隨時間演變，這個概念依然受到創世論信徒（他們認為神創造了所有物種）以及各宗教基本教義派的攻訐。演化理論被達爾文建立成學說將近一百六十年後，依然是最「堅固」的科學理論之一，但也是最受爭議的之一。同意達爾文，承認人類來自近似猴子的遠祖，就是把人類「拉下神壇」，把人類列入其他物種當中，而不是抬高到其他物種之上。

對抗蒙昧主義一直都很熱門，或許在最近這幾十年中更是如此，因為創世論信徒步步進逼，既威脅我們的世俗化，也威脅我們的民主。演化論不是含糊假設的「理論」，而是一套用理性的方式形成的原理及法則的大全，我們都看到此推論的鐵證，例如從化石上可以觀察到物種的演化。

「其實動物就像古老人類，我們好像在觀察數百萬年前的自己……因為動物比較接近未開化的狀態。牠們跟隨自己的直覺。」某次工作坊的一個孩子就動物及人類獸性的問題這麼說。今天我們知道自己的基因跟靈長類動物的，相似度有98%。從達爾文學說出現以來，我們就承認了自己的起源和獸性。然而儘管達爾文的成就距今已經過了這麼多年，我們的心裡還是相當抗拒，很難自認為是自然界的動物。工作坊那個孩子的說法很切中要點，動物的「未開化」確保動物維持本性：依靠本能而活，其一舉一動都只是為了個體及物種的繁衍。

最近南非一家海洋生物博物館放生了一隻海龜，牠被關在那裡已有二十年之久；讓科學家震愕的是，藉由龜殼上的追蹤器，他們發現牠在不到兩年的時間裡，游了三萬七千公里回到澳洲。海龜渡海的理由眾所周知：海龜會遷徙，飄洋過海到某些適合築巢及繁衍的沙灘。哪怕經過那麼多年的監禁，這隻海龜仍然很清楚自己該到哪裡去。

人類有什麼本能嗎？人類的動物「感官」都因為文明而遲鈍了嗎？我們必須自問這些問題，才能觀察到我們的獸性。

問題

人類動物

請問以下問題

本能是什麼？

➔ 有需要的話，舉一些動物的例子來幫助孩子：熊可以選擇不冬眠嗎？候鳥可以選擇不跟同類一起離開嗎？為什麼？老鼠看到貓的時候會怎麼做？為什麼？這裡是要替「本能」下定義。

顯示人類是動物的線索有哪些？

如果動物有本能，我們可以說人類也有嗎？人類的本能是什麼？

?! 須知：孩子都心知肚明人類有動物的本能。有一回我在工作坊問這個問題的時候，一個孩子立刻回答我：「人類也有本能，只是沒那麼發達……我們學習壓抑它。」每個孩子都會提到求生本能，還有生育及「母性本能」。

故事

卡米想成為獅子

　　從前有個名叫卡米的六歲小男孩，個頭不高不矮，有一頭漂亮的金頭髮，像麥穗那樣閃閃發光。卡米認為自己是半個小孩，半隻獅子，他常常像獅子那樣甩動自己那獅鬃般的頭髮。他也跟獅子一樣喜歡睡長長的午覺，睡醒時也像獅子一樣會伸懶腰。

　　每次當大人說話太大聲時，卡米就會用食指塞住耳朵，發出獅吼：「吼吼吼！」

　　他的爸爸里歐喜歡當半個爸爸半隻獅子，也會以獅吼回應：「吼吼吼！」所以在家裡偶爾可以聽見卡米和里歐在不同房間裡對吼。有一天，卡米午覺醒來，伸完懶腰，馬上去找里歐問：「為什麼我不是獅子？」里歐也立即回答他：「你差不多是頭獅子了，卡米，你有漂亮的金色獅鬃，也跟獅子一樣走路慢吞吞的，而且你的叫聲很宏亮。你吃得多又睡得久。你喜歡躺在太陽底下，往我們身上磨蹭你的頭……」卡米去找媽媽佩琳，在媽媽身上磨啊蹭的，像極了一隻在撒嬌的貓科動物。他很驕傲的對媽媽說：「我差不多是一頭獅子了。」佩琳盯著他一會兒，溫柔的「吼吼吼」回應，一副獅子媽媽的模樣。

請問以下問題

動物做的什麼事是你每天也要做的？

➡ 給孩子一些提示來幫助他，你們也一起來找證明我們都是生物的共同特徵，像是需求、本能等等。想想我們跟其他所有動物一樣，睡覺、吃、排泄、玩樂等等。

找一張或多張清楚的黑猩猩、大猩猩、巴諾布猿，甚至是眼鏡猴（體型最小的猴子）的照片。把照片給孩子，和他們一起觀察這些動物跟我們的相似處：猴子跟我們一樣也能坐。小猴子和牠們的兄弟姊妹一起玩。猴媽媽哄著懷裡的猴子寶寶，照顧牠們。牠們也會組織社群，彼此相像。牠們的手跟人類的手一樣，拇指與其他四指分開等等。

3 動物的簡單幸福

　　不論是與動物一起生活，或是觀賞動物紀錄片，我們都知道野生大自然或許非常殘酷，數不清的搏鬥和重重的危機等待著每個物種。我們可以想想白頰黑雁（barnacle goose），這種外形像鵝的鳥類在格陵蘭非常磽确的懸崖頂巔築巢，牠們的幼鳥一旦長出羽毛，幾番訓練過後，就會被自己的父母逼著跳下懸崖，以便遷徙和繁衍。懸崖有時候高達一百二十公尺，而幼鳥都還不會飛。牠們在決定跳下去之前，平均會花上三十分鐘。一旦來到地面，有些活了下來，有些則死了。而且就算活著，也可能有身經百戰的狐狸正耐心的等候牠們。這樣的例子在《國家地理》頻道拍下的影像時常可見，證明了物種面臨著數不勝數的危險。

說到這裡，人類長久以來「反抗」大自然和它的不公平，那我們可以認為人類的特性就是「拒絕」活得跟動物一樣，暴露在危險、獵食者……裡。

　　然而儘管每個物種都在為生命搏鬥，哲學家尼采要我們同時觀察野獸的幸福及無憂無慮的智慧，還有牠們接受威脅自己性命的危險與無論如何活在當下的能力。尼采在他名為《不合時宜的考察》的作品裡寫了這麼一段話：

　　動物的生活中沒有歷史。牠們決定完全活在當下……〔…〕牠不懂弄虛作假，而且坦蕩光明，每一秒都表現出原本的模樣，真誠至極。反觀人類，倚靠著過去這個越發不堪負荷的重擔，不支倒地；過去就像幽暗的隱形累贅，束縛他的腳步。他會偶爾假裝沒有這個負擔，而在與同類交往的時候，只有為了喚起對方的欣羨時才會刻意否認。但是看見家畜吃草，或是比較相近、熟悉的，還沒有過去需要否認並且滿心歡喜在過去與未來的柵欄間，盲目玩耍的兒童時，又會受到感動，彷彿憶起失落的樂園。

　　據尼采的說法，動物（除了人類）也知道幸福的滋味，而且是遺忘和無憂無慮的那一種幸福。就連草地上的母牛也不會「念念不忘」[19]牠的過去。動物都無所愧疚，因為牠們受到「恩賜」：被綁在當下的木樁上。我們可以拿中國道教的思想來比喻這個幸福觀：只有接受現實、絕對的處於當下，才有可能幸福。既不放眼未來，也不事先預備，無怨無悔。

　　尼采拿玩耍的孩童來比喻動物的這個特點，孩子在玩樂的時候無憂無慮。尼采認為我們必須揹的包袱，位在我們「記載過去」的天性裡；我們是會回憶的生物。我們全都可以體驗這種無憂無慮的幸福，那種動物在安全無虞的時候所散發出來的平靜。

　　動物都活在當下，吃、睡、休息……安於自己的命運，所以伊拉斯謨斯[20]才會說出「人類是最不幸的動物，因為只有他們對自身命運不滿，而且企圖跳脫大自然為其才智設立的框架」這句話。

19. 念念不忘（ruminer）也是反芻的意思。
20. 伊拉斯謨斯（Erasmus, 1469-1536）是荷蘭人文思想家、神學家，北方文藝復興運動的重要人物。

問題

其他動物的幸福

請問以下問題

有沒有給你靈感的動物？為什麼？你偏愛哪些動物？

那些動物身上有什麼你欣賞的優點？想想這些例子；

變色龍可以變色偽裝，獵豹一小時能跑九十三公里等等。

➡ 這時是觀賞一、兩部動物紀錄片的機會。最好選擇大自然裡的野生動物，而不是被關在動物園內的動物影片（這經常只是在重申人類的優越性）。

問孩子是否認為動物也會快樂。

大猩猩的快樂是什麼？獅子的呢？鯨魚？狗或魚的呢？

問問動物的幸福是否有別於人類的。

快樂是什麼樣子？

結論

我們還能說人類和其他物種之間存在著「藩籬」嗎？反之，我們似乎觀察到，智能是所有生物共享的，互助合作不是人類固有的特質，感覺能力也不是。當然每個物種是獨一無二的，人類這物種之所以「特殊」，是因為發明才能，還有轉變及解釋生活環境的能力。然而似乎沒有什麼證據足以說明人類「優越」於其他物種，除了文化的形成、思考的「模式」、獨特的形而上信仰。

李維史陀老早就揭露了人類中心主義及民族中心主義帶來的災難性後果。認為人類高等，就是授予人類權力，今天我們都目睹了其後果與危害。無論本質為何，優越感勢必帶來歧視。這種感覺最常釀成支配，也就是我們今天觀察到，因為征服野生土地、野生動物的盜獵及買賣氾濫成災等人類活動，地球各地的物種從此絕跡的怵目驚心情形。

為了未來的世代，為了聽著主角是動物的童話和寓言長大、發展身心的孩子，我們的當務之急就是，重新思考人類與動物的關係，還要接受人類就是動物。

動物世界的多樣性有助於大自然的平衡，對仰慕動物的我們來說，也是一種豐足。有一回我正在為工作坊的收場做總結時，一個孩子叫道：「動物是我們的兄弟！」讓我們邁向一個與全體動物共享的友情世界吧！

問題

動物是我們的兄弟嗎？

請問以下問題

人類與動物之間有沒有界線？

人類跟其他動物一樣，也是動物嗎？為什麼？

人類比其他物種高等嗎？為什麼？

關鍵是讓孩子提到我們與其他動物的區別，

並使他重新思考人類凌駕其他物種的優越性。

讓孩子看拉斯科或肖維岩洞裡的動物照片

（岩洞裡的所有動物圖案都是舊石器時代）。

問孩子：為什麼史前時代的人類會畫動物？

為什麼不畫植物呢？利用前言來幫助你提出假設。

為什麼我們會仰慕動物？為什麼我們會喜愛牠們？

為什麼有時候會有人討厭動物？

這個故事的靈感來自美洲印第安人的傳說，與本章的創作活動（圖騰）有關，所以最好在開始做勞作之前或是進行當中跟孩子說這個故事。

故事

圖騰動物：你的動物守護神是誰？

從前有個年輕的印第安女孩安格妮，她就跟所有奇利瓦克族的孩子一樣，迫不及待想知道她的圖騰動物是什麼。她的祖母跟族裡所有老人一樣，只告訴安格妮，等她長大，有一天她會在夢中和一隻動物相遇。

安格妮每天晚上都會作夢，可是從來沒有動物入夢過。她等得不耐煩了，去找她的祖母。正在抽菸斗的祖母，哼唱著神聖的歌謠。

「奶奶，我什麼時候才會遇到我的圖騰動物？」安格妮問。

「妳沒辦法選擇妳的圖騰動物，也沒辦法選擇什麼時候會遇到牠，是牠選擇妳。妳得要有耐性才行。」祖母邊說邊吐出厚厚的煙霧。

幾天後，安格妮在睡夢中看見一隻金色蜜蜂。蜜蜂在她耳畔嗡嗡響著，對她說：「安格妮，我賜給妳堅持不懈的耐力、愛與不吝分享的慷慨。以我的力量之名，妳會變得堅韌勇敢，做事效率高。」

蜜蜂像是翩翩起舞一樣，飛走了。安格妮張開眼睛。

從那時起，她知道自己屬於金色蜜蜂一族，終其一生，蜜蜂都會給她力量。

請問以下問題

你希望在夢裡遇到什麼動物？

你欽佩什麼動物？為什麼？如果你可以選擇四種圖騰動物，你會選擇哪些？

創意動動手

製作圖騰動物

雙面吊飾
請見「哲學動動腦8」
所需時間：1.5-2小時

我的圖騰，我的生命力量

我們要用「圖騰動物」製作一個充滿靈感的作品。
目的是讓孩子意識到動物的重要性，從別的物種身上尋找靈感。
有了這個吊飾，孩子不會忘記這隻在未來
會繼續啟發他的動物之能力及特徵。

材料

- **人體圖案紙**（已附加在本書末頁，請裁下來）
- **4張剪下來的動物圖片**，花時間一起思考，根據特徵、體能、特長或勾起你什麼情緒來挑選動物，例如大猩猩的力氣、貓頭鷹的智慧、獵豹的速度、老鷹的自由
- **2張卡紙**，Canson牌的紙張或是摺紙用的微厚藍色色紙
- **白紙**

- **彩色筆、麥克筆和／或Posca彩色水性筆**
- **色鉛筆**
- **釣魚線、尼龍線或縫紉線或毛線**（為了吊起這個物品）
- **橡皮擦**
- **剪刀**
- **口紅膠**
- **紙膠帶**（非必要）

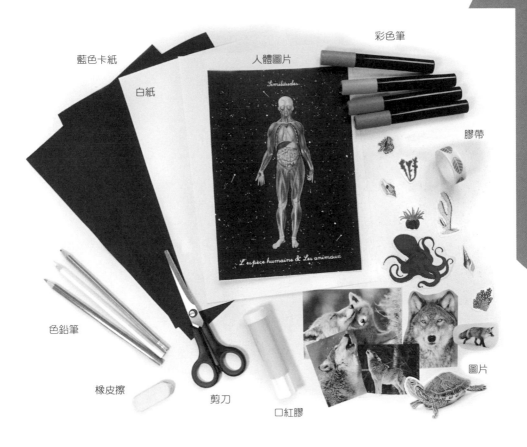

藍色卡紙　白紙　人體圖片　彩色筆　膠帶　色鉛筆　橡皮擦　剪刀　口紅膠　圖片

步驟

準備圓形主體和摺起來的部分

1 使用其中一張卡紙或藍色的Canson紙來製作一張直徑21公分的圓形紙片。這張圓形紙片是吊飾的主要支撐物，或稱主體。你們可以拿碗、圓形的蓋子或盤子來描邊。

2

用第二張藍紙剪出一個20x20公分的正方形。你們需要摺起這張正方形紙的四個角落，分別留給四種圖騰動物的圖片。

3

將正方形紙張對摺，打開，
然後再對摺另一邊。用鉛筆
在紙中央做一個小記號，為
標記用。

4

將正方形紙的其中一角，對準中
心點後摺過去。接著在其他三邊
重複一樣的動作，直到四個角都
集中在中心點，形成一個四邊可
以打開的小正方形。

5 將附在書末、名為「相似性」、印有人體圖案的紙沿著離虛線約一公分的寬度剪下，把這個人體圖案貼在圓形紙上。如果你們想要的話，也可以用白色鉛筆畫一些小白點，表示星空。

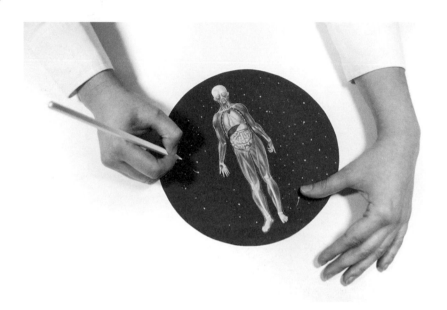

6 在圓形紙另一面的正中央，黏上正方形紙。圓形的那一邊要留給「靈感」。

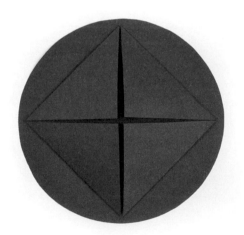

裝飾

現在要來加工，裝飾圓形主體的兩面，讓你記得自己選的動物之相似性。

「相似」面：人類與動物

7 花幾分鐘思考動物和人類的所有共通點，想一想需求、體能或情感能力，像是呼吸、自衛、進食、睡覺、痛苦、語言、遊戲等等。

8 在白紙上列出你們選擇的文字與概念，接著剪下來，黏在人體圖案旁邊，做為提醒。

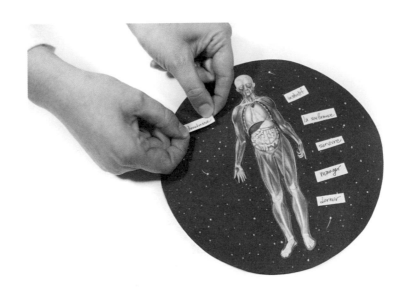

「靈感」面：多采多姿的動物

9

翻過圓形紙片，製作「靈感」面。打開四個邊，你們要裝飾正方形的四個部分。每個部分黏上一種動物。

10 花幾分鐘一起思考每種動物的優點、能力，還有牠們勾起你們什麼情緒。用麥克筆點綴每種動物的四周，寫下一些文字或是你們喜愛或欣賞的特徵。

11

當你們滿意自己的作品以後，可以用一小截紙膠帶關起這張動物卡片。用針在圓形紙片上方戳一個小洞，穿過線，就可以吊起這個飾品了。

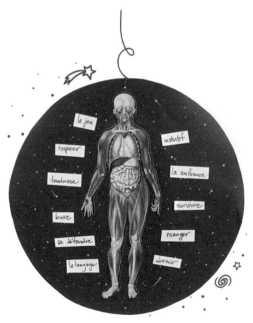

分享

寬容

信心

4

我們可以活在世界上卻不去愛嗎？

愛的必要性

哲學

是什麼？思考愛與友情就是自問人際間的關聯、情感「羈絆」的本質，也就是思考我們跟所愛之人的關係。從一個哲學的觀點來看，愛是一個難以思考的「東西」，因為它屬於情感，或是難以捉摸的人心。然而愛是一種感覺，會形塑我們與世界的關係以及我們對幸福的追尋。

怎麼做？界定何謂愛，何謂友情，可以讓我們瞭解愛有不同的形式。觀察不同形式的愛有哪些共通優點，我們會思考「必要」的一面，而且會自問有沒有可能活著但不去愛。

為什麼？兒童與青少年很早就體驗到友情。他們在童話裡聽到「愛情故事」，這是他們也體驗過的一種愛；他們會「愛」，而且跟大人一樣，渴望知道自己感覺到的是哪一種愛。思索愛與友情，就是思考感情關係的程度差異，以及愛有什麼轉變我們的能力。

目標 自問愛是否有像生命必需品那樣的必要性：愛跟呼吸、喝水或吃飯一樣必要嗎？有沒有可能活著卻不去愛？透過這些提問，我們會思考愛或友情跟快樂之間的關聯性，思考增進或淡化我們關係的時間有多重要。

創作

做什麼？我們要製作一本「心的筆記本」，靈感來自**藝術日記**（art journaling）或稱「創意日記」。這個私人筆記是一種藝術治療，有別於傳統的筆記，因為它的表述方式偏向視覺，而且會用到許多藝術技巧。我們在這本筆記上以藝術方式呈現自己的心情或感受。我們希望透過這本筆記本，讓孩子表達他的內心，「他的各種愛」或友情，還有他愛看的、愛做的、愛聽的、愛感覺的事物等等。

怎麼做？這本小冊子由卡紙封面和幾張內頁組成，使用圖畫、拼貼或文字。在封面上表現我們喜愛的人、活動、感受等等。接著孩子會思索一些關鍵字，例如「溫柔」、「擁抱」、「和平」，再寫在小紙張上。然後我們把這些字綁在毛線上，加入筆記本。孩子未來可以繼續補充內容。

為什麼？製作創意日記的過程可以讓人「進入自己的內心」，更加認識自己。孩子需要自動自發的表達，刺激日常生活中較少使用的大腦區域。這個經驗可以激發創造力、生命力。「心的筆記本」像是一面私密的鏡子，映照出我們喜愛的人事物。

目標 促使孩子認識自己的情緒，發展一些工具來形成象徵性且個人的「心的語言」。

前言

　　哲學家史賓諾莎（Spinoza）說過「愛是一種與某個外在因素想法相伴而來的喜悅」。從這個定義可知，愛是欣喜的「情感」，換句話說就是隨著一種想法（從我們喜愛的事物中發展出來的想像）而來的快樂「激情」。這種喜悅並非「沒來由」的表現出來，對史賓諾莎而言，這個來由（我們所喜愛的）越是完美，我們的靈魂就越完善。從此感受到喜悅就是一個訊號，表示我們有所愛，你們喜愛的人越「完美」，你們越趨完善，越能博得行動與生存的「力量」。他說因為喜悅「是一種熱情，我們的精神就是經由它達到完滿」。

　　這個愛的定義很樂觀，與相信愛會腐化靈魂的傳統大不相同。和史賓諾莎一起把愛情思考成一種震撼我們、觸動我們身心靈的情感是極為有趣的。情感事實上是一種「肉體的眷戀」，同時又會攪亂我們的思緒。這樣的情感還有很多，可以增加或減少我們的行動（或思考）力量。例如憂鬱就是一種必須驅逐的情感，就像我們天生會止饑解渴。史賓諾莎進一步解釋，因為這些肉體感受會讓身體衰退，同時阻礙心智思考。

愛「像大海一樣」，是一個挖掘不完的主題。當我問工作坊的孩子「我們可以活著卻不去愛嗎？」的時候，他們齊聲回答不可能。最近一位年輕學員與同學持相反意見，他說：「我們可以活著卻不去愛……但是這樣的生活一點道理也沒有，而且沒有意義。」

愛情真有賦予生命意義和高低起伏的特點嗎？要回答這個問題，還有本章標題「我們可以活著卻不去愛嗎」的提問，我們首先必須思考愛情和各種愛的意義，因為愛有不同種類；我暫且提三種：子女對父母的愛、友愛、情愛。我們也要自問「愛人」和「被愛」有哪些不同，最後我們要檢視愛與時間之間的關係。

在整個章節中，我們希望邀請你們和孩子一同討論、思考最豐富的主題之一。

1 什麼是愛？

愛經常被視為一種強烈的眷戀感。愛與友情都是一種意氣相投的獨特經驗，「連結」我們與心愛之人。在眾多傳統裡，人們將這種眷戀感和一種我們在所愛之人身邊或想像時體驗到的興奮聯想在一起。當然，愛也可以變成悲劇：當我們失去所愛之人，感覺少了什麼的時候；或是當愛轉變成一種吞噬人的激情，會牽連出一串「哀怨的激情」，如嫉妒、仇恨、憤怒等等。為了在「愛」這個字的眾多意義中幫我們開出一條路來，我們就只提出四點：愛有不同的形式；任何形式的愛必涉及關係；愛是一種情感；愛是奉獻精神。

愛有不同的形式

希臘語中至少有八個代表「愛」的字，因此有八種不同方式的愛。每個字都是愛的感覺，即眷戀，只是表達方式不同。例如，無私的愛（希臘文是agapé）是對自己的孩子、家人或神表達的愛。而友情（philia）是對朋友表現的愛和眷戀。愛情（éros）是一種需要肉體加入，並且引進私密和慾望層面的愛。這種形式的愛是我們最喜歡聽的故事，而且當我們說到愛的時候，總會先想到它。然而世間並不是只有這三種形式的愛（agapé, philia, éros）。我們有時候會說到對祖國的愛、對生命的愛……總之我們有一籮筐喜愛的「事物」：我們喜愛某些藝術，喜愛讀書或是作畫、跳舞，又或只是凝視美麗的風光，這些算是愛嗎？當我們觀察藝術家的犧牲奉獻和辛苦創作時，我們可以認為是愛。這裡說的不是眷戀，而是一種經由活動、在「行動中」表達的特殊之愛。只要觀察我們在社交媒體上，將喜愛的人事物一網打盡的互動方式就好：每個廣告都在邀請我們去按讚、按愛心或是傳送火焰——愛會燃燒的另一個象徵。

問題

可能還是不可能？

請問以下問題

我們可以活著卻不去愛嗎？為什麼？

愛與友情有什麼不同？我們可以說友情也是一種愛嗎？為什麼？

愛的方式有很多種嗎？

➜ 上面兩個問題，讓你們討論本章第一部分提過的類型。

任何形式的愛必定涉及關係

每當想到愛，我們經常會想起自己喜愛的人。因此愛往往是一種我們**和某人**經歷過的體驗，或是我們和自己的關係。塞內卡[21]說友情就跟愛情一樣都是「心連心」，失去興趣等於恩斷義絕：我們不再理解自己，我們不再相信對方，而且沒辦法再愛他。反觀「結合的」關係是一種信賴關係，每個人有做自己的自由。很難想像跟一個我們怕他批評或是有可能背信的人交朋友，可見恐懼、猜疑和表裡不一似乎是愛所不容的。最後一點，愛牽涉到與生物以及「事物」的關係；把心力投入一種藝術或一項活動，可以生愛。喜愛大自然的人，進而「喜愛」花園並悉心照顧。又或是像梵谷喜愛畫畫而獻出自己的人生、時間和精力。

哲學動動腦

2

6-12 歲

問題

思考人類的社交本質

請問以下問題

什麼是朋友？為什麼我們有朋友？

➡ 藉由這些問題來自由討論友情，孩子很容易侃侃而談，還有對好朋友的信賴。他們也會經常提到歡笑、互助、共話衷腸、無所不談的樂趣等等。

人生在世可以沒有朋友嗎？

「心繫」某個人是什麼意思？

你認為人類是離群索居型的？還是社會性？為什麼？

➡ 有需要的話，跟孩子說明「社會性」的意思：主動接近他人，需要說話，和其他人交流等等。

21. 塞內卡（Seneca）是古羅馬時期的斯多噶派哲學家、劇作家。

愛與心

　　心與理智的對立是哲學家巴斯卡的名言：「心自有其理由，理智無法明白。」大多數時候，我們不知道為什麼我們會愛，就好比去愛用不著理智。而且有時候我們有很好的理由去愛某個人，卻不見得成功。「一見鍾情」呈現了愛情迅如閃電、不可理喻的一面，我們解釋不了。如果愛沒有道理可言，一定是因為愛不完全是選擇的結果：我們沒有決定要愛，但就是**愛了**。因此我們在談論愛的時候，常常會象徵性地說到「心」——這個讓我們活命的器官。

愛是奉獻精神

　　希臘有一句古諺：「朋友之間只有共同點。」這句格言的意思是說朋友之間沒有歧異，兩人的價值觀或德性沒有絲毫區別。我們也可以換個方式詮釋這句諺語：朋友之間，沒有什麼不能分享。反之，自私之人只圖滿足私欲，不懂分享自己所有，而且他或許是想要被愛，或者該說被仰慕，而不是去愛人。所以我們常常把愛和慷慨、或者利他以及「為他人擔憂」的行為做比較。這種形式的愛沒有算計，不計利害：我們施恩不望報。因此愛可以是自動自發的眷戀行為，而且為的是謀求別人的福祉。工作坊的一位年輕學員針對巴斯卡的名句說：「我們行而不思。」愛，不單單是一個意圖，還為了一個我們全心相信的目的行動：他人的幸福。

哲言

思考人類的社交本質

「心自有其理由，理智無法明白。」──巴斯卡

讀哲言給孩子聽，並問他以下問題

巴斯卡想要傳達什麼意思？為什麼心和理智不同？

「跟隨你的心」是什麼意思？

討論並一起尋找，跟隨自己的心而不是理智的例子。

我們可以選擇要愛誰嗎？

2 愛人還是被愛？

檢視我們的人際關係，還有讓我們日子過得有聲有色的各樣活動及嗜好，我們似乎很難認同人生在世可以不去愛。反之，我們的人生隨著直覺律動，這種直覺把我們「推向」那些喜愛的人，促使我們越愛越深。亞里斯多德寫過「去愛才是享受，被愛不是」，我們需要區別愛人與被愛嗎？這兩者有什麼區別能讓我們把愛想成是慷慨和奉獻？

自戀的風險

亞里斯多德明白的說「去愛是享受」，他肯定愛一定會帶來某種愉悅，這觀念跟史賓諾莎差不多，但他還特意挑明了說愛並不相當於「被愛」。儘管友情也是一種公平往來，亞里斯多德仍認為愛是第一重要，而且不應該隨便受到追求榮耀、奉承或歡愉的心態左右。也就是說，愉悅會隨著友情或真愛而來，但不應該以尋求歡愉為目的。對亞里斯多德來說，真正的友情是受到智慧引導，真正的友情是認知到我們與朋友共有的美德（道德優點）。

在比較晚近的用語中，自戀的特徵是意圖被愛，或許是為了能夠愛自己。據另一位哲學家盧梭所言，如果我們成為自戀的犧牲品，我們更接近「囚徒」：我們只有在感覺自己受到他人重視或仰慕的時候，才會重視自己。他人的目光、他人的愛都是第一順位，因此去愛變成一件次要而且困難的事。亞里斯多德又說「去愛，你將會被愛」，讓我們為愛「排列順序」，把友情（philia）優先於隨便一種「愛的需求」。

孤獨與尋愛

在拉封丹（Jean de la Fontaine）的寓言《熊與園丁》（*L'ours ou l'Amateur des jardins*）裡，一隻孤獨的熊決定出門探險，終結孤獨。同時間，一位獨居的老園丁也開始找新朋友，因為「理智無法長久寄居於孤獨的人身上」。雙方相遇，決定結為朋友。

這個故事的結局無人不知：園丁在熊身旁睡午覺的時候，來了一隻蒼蠅，停在他的鼻頭。熊出於友愛，想要殺掉這隻蒼蠅，以免蒼蠅打擾新朋友的睡眠。於是牠拿起一塊鋪路石，狠狠砸在園丁頭上……同時結束了園丁的性命。這則寓言帶給我們的教訓，就是寧願有個「聰明的敵人」，也不要「愚蠢的朋友」。

我們還可以看見園丁和熊去找尋愛，是因為渴望填補空虛寂寞，排遣無聊；儘管雙方之間有很多差異（本質和力量），還是變成朋友，因為雙方都不願意再形單影隻。拉封丹寫下「孑然一身也好過與傻瓜為伍」的時候，似乎就是這個意思。這句話就像個警告那樣言猶在耳：小心別因錯誤的原因和寧濫勿缺的心態而挑選朋友。

再一次，我們絕對不能把被愛看成頭號大事，也不能排除友情的風險。友情不單是心存善念就好，例如熊的善意，而是**認識**自己的朋友，知道如何與他相處，相伴一旁，為他的喜樂著想……

故事

熊與園丁

尚·德·拉封丹

山裡有一隻半開化的熊，被命運困在孤獨的森林中，

深居簡出，新一代的柏勒洛豐[22]。

牠寂寞欲狂：理智無法久寓於孤獨的人身上。

說話是優點，但沉默更佳；滔滔不絕或一語不發，兩者都糟糕。

沒有動物會光臨此地，無論什麼熊，都會厭倦這樣悲傷的生活。

離鬱鬱寡歡的熊不遠處，住著一位窮極無聊的老人。

他喜愛花園，是花神的神甫，還是波莫娜[23]的祭司。

這兩種工作都怡人；但是我依然想要個善良又謹慎的朋友：

花園惜言如金，除非在書中；

和啞默植物共度的日子令人生厭，我們的好園丁

某個晴日一早，踏上旅程，去尋找伴侶。

熊懷著相同目的，剛巧離開牠的山。

怎知鬼使神差的，兩個人在一個轉角碰頭了。

老人心驚膽喪；但是要怎麼躲開呢？怎麼辦？

充好漢為上策：他曉得要隱藏恐懼。

熊不擅言辭，牠說：「過來我這邊。」

老人說：「熊大人，您看那邊是在下的家；

如果您肯移駕來吃頓便飯，不勝榮幸，在下有水果和牛奶；

或許不合大人您的胃口，但會盡量滿足您。」

熊接受提議，去了園丁的家。

還沒抵達目的地，兩人已成為好友；

到了老園丁的家，兩人已膠漆相融，

儘管孑然一身似乎好過與傻瓜為伍。

熊一天說不上兩句話，老園丁可以安安靜靜地幹活。

熊外出打獵，帶回野味，但牠最主要的職責，是做個稱職的捕蠅者，

把這隻名叫蒼蠅的有翅寄生蟲驅離好友睡夢中的臉上。

一日，老人正自酣睡，一隻蒼蠅飛來停在他鼻尖。

熊非常絕望，不管牠驅趕蒼蠅多少次也於事無補。

「我非逮到你不可，」牠說：「看招！」

熊說到做到。這名忠誠的捕蠅者抄起一塊鋪路石，猛力一扔！

牠是壓扁了蒼蠅，卻也砸碎了老園丁的頭。

熊是個神射手，卻愚不可及。老人直挺挺的就地長眠。

天下至險，莫過於蠢笨的朋友；

寧可敵人通情達理。

---

22. 柏勒洛豐（Bellerophon）是打倒怪獸奇美拉（Chimera）的希臘英雄，因為驕矜狂妄觸怒了神，落回凡間。

23. 波莫娜（Pomona）是水果女神。

讀完這則寓言之後，請問以下問題並討論

熊和老園丁是怎麼變成朋友的？為什麼熊會無聊？老園丁的生活呢？

熊是蓄意要傷害老園丁的嗎？為什麼他們終究不能成為朋友呢？

什麼是「愚笨的朋友」？為什麼拉封丹認為瞭解自己的朋友很重要？

如果熊瞭解老園丁，知道人類的本質，牠會不會有不同的行動？

什麼是「知己」？

● 有需要的話可以幫助孩子：如果熊瞭解老人與人類的脆弱，牠會怎麼做？他們還能作朋友嗎？瞭解自己的朋友很重要嗎？瞭解朋友之後會讓我們更加喜愛他們嗎？更願意照顧他們？

為什麼拉封丹說我們「孑然一身也勝過與傻瓜為伍」？

3 愛與生存

　　愛的「幅度」相當寬廣，包含了許多領域，從戀愛到對植物的愛（參考寓言裡園丁對花園的喜愛），因此「人生在世卻不去愛」聽起來就很矛盾，當然我們「可以活著卻不去愛」，但就像工作坊那位學員指出的一樣，生命就沒有意義也沒有生存的理由了，生活中毫無可以證明我們活著的動機。

　　許多參加工作坊的孩子會斬釘截鐵且自然而然地說出那句話，是因為他們在愛與生存這兩個詞中間畫上等號：去愛就像呼吸一樣。然而愛與純粹、無私的眷戀感，並不完全符合我們人類的狀況，否則我們全都會去愛，而且相安無事。我們可以想像沒有人會「不愛了」或暴力相向。在沒有愛和「純粹」的愛之間，有沒有折衷點？我們有所喜愛和生存之間有什麼關係？

我們不會品嘗純粹的東西

　　戀愛的經驗就跟友情的經驗一樣，不是一條「平靜的長河」。蒙田說「我們不會品嘗純粹的東西」就是這個意思，因為太純粹的食物（或太純的水）會讓胃不舒服，因此我們在人生中不會「品嘗」（換句話說，我們不會體驗）「純粹」的關係，意思是我們在這段關係中，不會經驗到持續不變的喜悅。蒙田認為，我們的經驗都「摻雜著」歡欣和失望，但這並不是悲觀的說愛情或友情會導致失望和痛苦（這是一位更悲觀的哲學家叔本華的看法），而是百感交集；這種交織的情感豐富我們的關係，考驗我們的關係。再者，哲學家塞內卡（Sénèque）也認為「當一個人只貪圖友情的利益時，會**毀損**友情」。據塞內卡之見，真正的友情不是只有歡笑與良辰韶光，也要有苦共享，還有無法理解的時候。無數哲學家都強調「真正的友情可以在考驗與艱困中被檢驗」，而我們可以假設真正的愛情也是如此。因此只想和朋友度過愉快的時光，然後在朋友有難的時候背棄他們，就是「毀損」友情。總而言之，愛不是「完美」（或許只存在於童話和浪漫小說裡），而是在人生中可能出現的不同考驗中學習。

追求合而為一

　　一般大眾虛構作品（尤其是童話）都極力推崇天緣奇遇、愛情說來就來，還有相愛的兩人注定要結合的情節，浪漫文學尤其如此。靈魂伴侶的傳說不是新鮮事，早在柏拉圖的《會飲篇》中就已經出現了。我們在《會飲篇》的對話裡讀到亞里斯托芬[24]的演說，因為風趣詼諧和啟發力量，這場演說歷代不衰，而且影響了大部分詩人與文學家的想像。

---

24. 亞里斯托芬（Aristophanes）是古希臘喜劇作家。

亞里斯托芬跟宴席裡的其他賓客（蘇格拉底也在其中）一樣，受邀發表對愛這個主題的意見，藉此認識愛情的本質。席間的朋友提出不同看法之後，輪到亞里斯托芬時，他說：「最早人類是一個球體，由兩個實體組成：男-男或女-女（又或是陰陽人〔半男半女〕）。每個人的球形身體都有兩對眼睛、四隻手臂、四條腿等等。」亞里斯托芬敘述的人類是「力大無窮，精力過人」，決定挑戰天神。天神為了懲罰人類，將他們劈成兩半。「每個被分開的人都懷念失去的另一半，於是前往尋找他們的另一半；渴望融為一體，雙方緊擁熱吻。」亞里斯托芬的傳說，把尋愛描述成尋覓自己迷失的另一半，彰顯了命中注定的感受。而這個感受又使得似曾相識的邂逅加倍神祕。在《會飲篇》中，亞里斯托芬就像個喜劇詩人，他的演說與當時稱頌愛情的嚴肅演講截然不同，他的口氣幽默，將愛的邂逅以及可歌可泣的愛情故事那合而為一的感受，描述得繪聲繪色，深深吸引我們。

哲學動動腦

5

6 - 12 歲

出自柏拉圖《會飲篇》中亞里斯托芬的演說。

故事

亞里斯托芬的傳說

很久以前有一位詩人阿伽松[25]，他決定辦一場盛大筵席，邀請他的朋友前來共享。為了度過一段愉快的時光，阿伽松打算挑戰他的賓客：每個人必須輪流說明何謂愛情。

每個人必須站起來，在所有人面前即席演說。輪到亞里斯托芬這位很愛逗笑觀眾的詩人時，他說：

「（起初）每個人都是一個完整的圓形體，有背部、圓滾滾的腰身、四隻手、四隻腳，兩張一模一樣的臉長在圓形的脖子上，相對的兩張臉上只有一顆頭與四隻耳朵。此外，每個人有兩個生殖器，其他器官也都如此。他們就跟現在一樣直立走路，可以前往任何他們想去的方向，當他們開始快跑，就像街頭賣藝人那樣轉圈，朝空氣中踢腿〔……〕。他們力大無窮，精力過人，而且勇敢無畏，所以向神明發動攻擊〔……〕，打算爬到天上去與神明一決勝負。」

說到這裡，每位來賓捧腹大笑，企圖想像亞里斯托芬口中的那種生物長什麼樣子。但是大家還是不明白他的意思：這些「球形人」跟愛情有什麼關係呢？亞里斯托芬繼續描述神明把每顆人球劈成兩半，以示懲罰。他這樣說：

「每一具這樣子被分開的身體，因為懷念另一半，只好前去尋找；渴望融為一體，雙方緊擁熱吻〔……〕愛會重組古老的本質，努力要將兩個生物合而為一，恢復成人類原本的模樣〔……〕所以每個人汲汲一生尋找另一半，〔當他們〕遇到另一半，他們的柔情、信任和愛意澎湃激昂，奇蹟耶。」

亞里斯托芬結束演說的時候，所有來賓舉杯向他的才華和創意致敬。亞里斯托芬力勸聽眾不要嘲笑他，因為他的故事揭露了一件重要的事：沒有比找到自己的另一半、靈魂伴侶更幸福的事了！

---

25. 阿伽松（Agathon）是古希臘悲劇詩人、劇作家。

請問以下問題

什麼是「一見鍾情」？「墜入」情網是什麼意思？

在亞里斯托芬的傳說裡，我們會愛上誰？為什麼這是最幸福的事？

「尋找另一半」是什麼意思？

》給年紀較大的孩子：就算我們不相信亞里斯托芬的傳說（這只是個故事），為什麼它還是很耐人尋味？最後在亞里斯托芬說「愛會重組〔人類〕古老的本質」的時候，他的意思是什麼？請討論。

● 要幫助孩子理解，可以讓他畫下亞里斯托芬描述的生物：脖子上有兩張臉、兩隻鼻子、兩張嘴巴、四隻手臂等等。

愛情與時間的考驗

我在某次的工作坊提到亞里斯托芬的傳說，說這是浪漫愛情的原型（兩個靈魂相結合），於是選擇的問題又再度被提起：我們可以選擇要愛什麼嗎？或者我們像巴斯卡說的那樣，受到「心」的擺布？一位年輕學員說：「有時候我們會選擇要愛誰。我們發現有這麼一個人，然後漸漸愛上他。」孩子往往提到「一見鍾情」，好像那是戀愛中很重要的部分，但是他們當中很多人也會憑直覺說到，時間就像考驗，會揭露誰才是愛情或友情中真正相愛的人。因此當我們墜入情網時，不會只有天緣奇遇、被閃電「擊中」、「墜落」或是瞬間刺穿我們的邱比特之箭：在所有關係中都還有時光荏苒的考驗，讓感情加溫抑或澆熄情意。

亞里斯多德也這麼肯定，他說：「沒有信任就沒有友情，但是沒有時間就沒有信任。」亞里斯多德說一段「穩定」（不是多變）的友情所需的首要之事，就是時間。他補充說「沒有時間就沒有朋友」，換句話說，友情不是手到擒來的。據亞里斯多德之見，友情需要信任，然而信任是要建立的。他還說：「沒有未經時間考驗的朋友，也沒有一天的朋友，而是需要時間培養。」之所以需要時間，就是因為我們必須要認識對方，所以透過對談、交流、經歷等考驗，「建立起」一段關係、「編織」連結。

最後，信任是確信對方對我們抱持善意，希望我們好，而且知道要相陪作伴。亞里斯多德認為，這個信任感建立在一個聯想上：朋友是「有德性」的朋友。換句話說，和我有共同美德的朋友，像是勇敢、溫柔、忠誠等等。然而亞里斯多德也認為，美德是一種需要時間的高尚情操。患難見真情，亞里斯多德補充說：時間是必要的，因為它帶來磨難，而磨難會揭露友情的本質，看穿真假。

結論

愛與友情的共通點，是共享快樂及歡愉。花時間共處，攜手共進，樂在其中。人生在世卻不去愛似乎是個無法成立的假設，因為世間有那麼多不同形式的愛，即使我們不那麼喜歡同儕的陪伴，也無法沒有至少一樣熱愛從事、願意奉獻時間的活動。然而愛不是一種唾手可取的感受：愛並非一勞永逸，因為它是在我們一生中每逢碰到考驗、遭遇困難的時候反覆獲取的。史賓諾莎說得很對，愛是喜悅的經驗。

工作坊的一位女孩說：「當我們心有所愛，就會愛得很快樂。」快樂帶著我們心馳神往，將我們帶離自己，去邂逅自己之外的一個人。發掘這個人，我們也發掘自己，並體驗新的經驗，所以才會有愛情、甚至友情，是一場「歷險」的想法。

本故事與本章的創作活動有關。

6

6 - 10 歲

故事

安東與朱爾的祕密

　　安東與朱爾就跟天底下的兄弟一樣，時不時會吵架。可是他們老早就明白既然一輩子都是兄弟，那還是當一對友愛的兄弟。因此老大安東對自己的角色非常嚴肅以待，朱爾學騎腳踏車的時候，他在一旁幫忙；在爸媽以為兄弟倆正在睡覺的夜裡，他唸故事給朱爾聽，他也會透露幾個小祕密在朱爾的耳窩裡。兄弟倆是死黨，關照彼此，就算吵架，也習慣相擁和拍拍彼此的背來結束爭吵。

　　某天一早，朱爾和安東在各自床邊的桌上發現一本「心的筆記本」。這是一本小筆記本，封面圖案是一顆人類的心臟。

　　朱爾下樓到廚房去找媽媽瑪麗安，問：「媽，這是什麼啊？」

　　瑪麗安說：「這本小冊子是要讓你寫下心裡的話。朱爾，你可以寫下每件你喜歡做的事，像是騎腳踏車，還有你愛的人，像爺爺和奶奶……」

「但這是什麼，這個？」朱爾給媽媽看本子上面的心臟。

「這是心臟啊，是胸腔裡面讓你活下去的器官。當你很愛一個人的時候，它會跳得很快。」瑪麗安說。

朱爾一言不發，坐下來吃早餐，接著打開心的筆記本。安東也來到桌邊，朱爾湊在他耳邊說了幾句話。安東上樓去拿他的筆記本，兄弟倆開始在本子上寫字。

「朱爾，你要寫什麼？」安東問。

「我要寫我喜歡腳踏車和乳酪。」朱爾說。

「好，那你也有愛的人嗎？」安東問。

朱爾想了一下，然後用棕色大眼睛凝視安東。

「別想了，朱爾，人心都是自動自發的。怎麼樣？」安東問。

「我喜歡做披薩的爸爸。」朱爾很嚴肅的說。

安東哈哈大笑，朝弟弟的耳朵裡又吹進幾個沒人聽得見的祕密。他們是兄弟，也是朋友和死黨。他們偷偷這麼說著，就像那些被我們放在心上或是寫進心的筆記本裡的人⋯⋯

請問以下問題

安東與朱爾在故事裡是死黨。

和某個人是「死黨」代表什麼意思？

「自動自發」是什麼意思？為什麼人心都是自動自發的？

心裡面有什麼？

什麼是祕密？

為什麼在我們愛上某個人的時候，心臟會跳得比較快？

創意動動手

製作小冊子
或創意日記

請見「哲學動動腦6」

所需時間：1小時45分-2小時

心的筆記本

我們要完成一本「心的筆記本」，
孩子可以用藝術的方式來表達自己的心情和感受。
孩子可以表現他心目中的愛情和友情是什麼樣子，他珍惜什麼
或是他愛看、愛做的事、愛聽的事物，和喜愛什麼樣的感覺等等。
藉著製作這本筆記本，用充滿創意的方法表達情緒。
我們的目的是要讓孩子學會一些方法，
形成具象徵性且私人的「心的語言」。

材料

- **畫有心臟圖案的紙**（從書末頁裁下來）
- **A4紙**，類似Canson或任選一種顏色的卡紙
- 彩色或有花紋的**A4卡紙**2或4張
- **A4白紙**
- 表現愛情和友情或孩子喜愛的事物的圖片
- **著色工具**，像是Posca水性麥克筆、色鉛筆和／或彩色筆、粉蠟筆、油蠟筆
- **2-4條26公分長的紅、藍、黃色**（顏色可自選）**毛線**
- **1條約莫50公分的細線**，或是不太粗的毛線
- **紙膠帶**或其他膠帶
- 黑色細芯原子筆或中性筆
- 鉛筆
- 針
- 剪刀
- 口紅膠
- 橡皮擦
- 尺（非必要）

Images découpées

彩色紙　　口紅膠

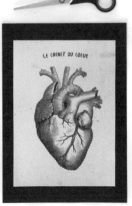

卡紙

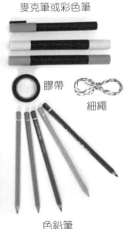

毛線或棉線　剪刀　麥克筆或彩色筆

膠帶　細繩

色鉛筆

步驟

訣竅

· 水性麥克筆在彩色或黑色紙上的顯色效果很好,但也可以在黑紙上使用淡色的色鉛筆,製造對比效果。

· 如果沒有毛線,也可以使用稍粗的線或細繩。

· 完成筆記本之後,孩子可以在日後持續補充內容,牢記重要時光、珍貴回憶,或僅僅表達心情也行。

準備封面及內頁

1 把附在書末的心臟圖案頁撕下來,再沿著虛線剪下心臟圖案。在心臟上的兩個紅點之一上面,用原子筆尖或針頭戳出一個小洞。插入剪刀刀尖,沿著虛線剪到另一個紅點的位置。

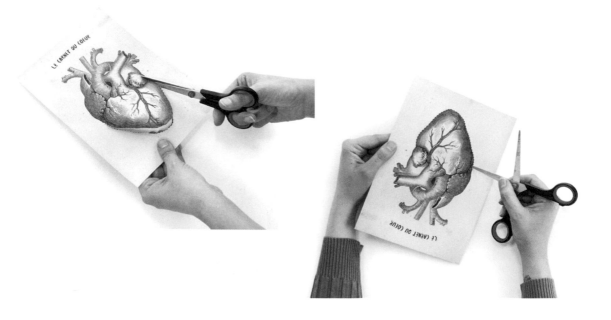

2

掀起剪好的部分，
摺起來，成為一個
小窗口。

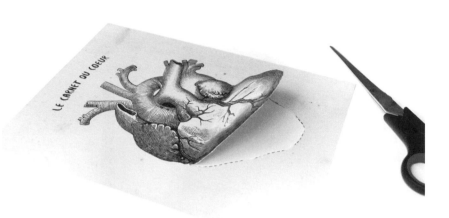

3

用卡紙裁出一個跟心臟圖案頁相同尺寸的長方形。
你們可以畫一個16x23公分的長方形，再剪下來。或把心臟
圖案頁放在卡紙上，當成型紙；然後用鉛筆描邊，再沿線剪下來。
長方形卡紙與心臟圖案頁會用來做封面。

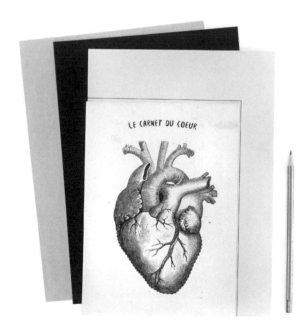

4

使用彩色或有花紋的紙
來製作16x23公分的長
方形，或是用心臟圖案
頁為型紙，重複上述的
步驟，讓這些色紙都跟
心臟圖案頁相同大小。

5 把心臟圖案頁放在右邊，卡紙在左邊，雙雙對齊。剪下一段長約27公分的膠帶，黏起兩張紙。膠帶盡量貼在正中央，讓心臟圖案頁和卡紙各占一半。

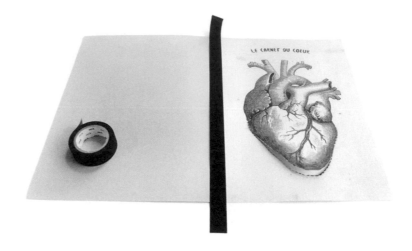

6 需要的話，你們可以再貼一次膠帶來加強黏度，接著剪掉多餘的膠帶，或是朝封面內裡黏貼。將這個連接部分對摺，好像一張卡片，心臟圖案朝外，卡紙是封底。

7 重複上面的步驟，把其他彩頁全部黏在一起，做成小冊子的內頁。把所有內頁放入封面內。

8 全部對整齊，在中央接合線距離上邊及下邊各5公分的地方，用鉛筆做兩個記號，用針在兩個記號上戳洞。然後用針從一個洞穿入60公分長的線，再從另一個洞出來，接著打結。再打一次結，剪去多餘的線。

裝飾小冊子

接下來的工作分成兩個部分，分別表現兩個主題：
什麼是愛？什麼是友情？

拼貼與著色

9 在小冊子內的第一頁上拼貼、畫圖和著色。你們可以從底部開始著色，
或是拼貼孩子選來表現愛情、友情或反映他喜愛的人事物照片、插圖或
雜誌圖片。

10

接下來用彩色筆/色鉛筆/
麥克筆裝飾、畫圖，寫幾個
句子或詞，直到孩子滿意為
止。你們也可以裝飾封底。

拼貼與著色

11

將一張A4大小的白紙對摺，在對摺處剪開。
只要用其中一半即可。

12

花五分鐘思考一些有關友情和愛情的關鍵字，像
是「朋友」、「家人」、「信任」、「分享」、
「親吻」、「支持」、「同謀」、「慷慨」、
「笑容」、「寬容」、「溫柔」、「原諒」、
「誠摯」、「溝通」、「擁抱」等等。

13

在紙的右側列出所有概念和字
詞，要緊靠著右側。寫完之
後，把每個字詞剪成小紙條，
但要保留紙張的長度。

14

根據每個字詞的長度，把紙條摺成一半，夾進一條羊毛。打開這張紙條，沾上一點漿糊，然後摺起來。需要的話，剪掉多餘的部分，縮短小紙條。

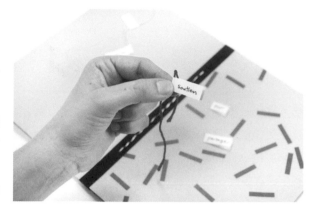

15

你希望加上多少字詞，就加上多少字詞。準備二至四條線。

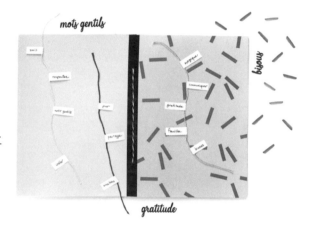

16

孩子做完之後，用膠帶把毛線上端黏在封面背後，或是另一頁。如果你們希望固定毛線，也可以把毛線的另一端黏起來。

17

你們可以隨心所欲裝飾有心臟圖案的封面；
孩子可以使用繪畫工具和圖片或線。

18

現在筆記本已經準備
好了，孩子可以按照
自己的心意使用它，
並增加內容。

團结一起來！♥

感受　夢想
一起　愛

宗教　　　　　　　眼睛
選擇　語言　　色彩　膚色
　　　　　　　　頭髮
信仰　　文化

5

如果我們更寬容，就能活得更自由嗎？

形形色色的相異性

哲學

是什麼？在這個章節中，我們請你們思考寬容與自由之間的關係。我們還要思考寬容對獨處或和其他人和平共處的重要性。我們會發現寬容是一個優點，可以制止對他人的仇恨和恐懼，並建立更平和、更豐富的群體生活。

怎麼做？我們要和孩子討論多樣性的話題，思考是什麼讓我們彼此不同，因此我們要衡量人權及公民權宣言提到的，「生來自由、權利平等」是什麼意思。要理解何謂寬容，我們可以換個方向問問自己，表現惡意及心胸偏狹的理由，通常孩子老早就在學校或其他地方發現這種觀念了。

為什麼？本章的用意是要瞭解接納他人及其相異性，而非畏懼他們有多麼重要。寬容是友情和愛情、互助及分享的保證，也會激發其他像是善良及溫柔的優點。

目標 意識到我們在敞開胸襟，接納他人的時候比較自由。本章也是一個機會，讓我們思考該為寬容設下什麼底線，我們要問：什麼是我們無法接受的？無法忍受的？為什麼？

創作

做什麼？我們要畫一棵大樹，表現彼此的相似性。這棵樹象徵人類的形形色色，用意是讓孩子思考，將相異性與特色的重要性納入他們的思想裡。這些相異性與特點會豐富我們的人生，帶給我們力量。

怎麼做？孩子在紙上畫一棵有樹葉、樹枝、樹根和樹幹的大樹，並加以著色。這個活動會分成許多部分：他可以在樹根上寫下區別彼此的不同特徵，在樹枝上加上一些共同的特徵，最後製作幾個表現人類多樣性的頭部，貼在樹頂。結束前在樹幹上寫一段充滿愛和希望的簡短訊息，獻給他人。

為什麼？讓孩子思考身邊不同的人，孩子對各式各樣的出身、思想、文化、偏好、人生選擇等等，會有更好的領會。這項有趣的創作活動讓孩子運用自己的想像力，表達彼此相異性的美，以及獨一無二的特色。孩子會去思考我們其實有同樣的需求和權利，進而思考彼此的相似性。

目標 這個活動會讓孩子將相異性視為力量和豐足。目標是激發開放、合作、共感的精神。

前言

　　人們經常呼籲要寬容，而且理該如此：它讓我們認識到生物之間及文化之間的相異性，因而和睦共處。儘管我們認為這個話題很重要，卻很少和孩子討論。寬容跟「博愛」、「團結」這些詞同屬一個大家庭：至少在我們的民主社會裡，我們都理解這些詞，甚至視為理所當然。然而暴力事件、種族歧視以及仇恨，都提醒我們如果不願看見伏爾泰說的「卑劣」（infâme）重出江湖，就必須去想、思考、不斷更新寬容的概念，換句話說，暴虐無道就是根源於對他人及其相異性的仇恨。

　　伊比鳩魯說「哲學思考永遠不嫌太早或太晚」，我們則說「包容」永遠不嫌早，以便敞開胸襟，擁抱他人以及彼此的相異性。因為寬容是理解並接受其他人的自由，以及擁抱這些**按理**區別了你我相異性的能力。我們會問自己：理解其他人的自由，會增加多少我們自己的自由？寬容有底線嗎？衡量什麼事情可以容忍，什麼不可以容忍，就是在檢視我們和其他人及逆境的關係。

目前不寬容、種族歧視和宗教狂熱的情形，依然層出不窮。自從伏爾泰的〈論寬容〉（*Traité sur la tolérance*）開始，解藥一直沒變過：要打擊惡，就必須理性思考什麼是溫柔和善良。這些被遺忘的詞都是我們不夠看重的美德，但是會將我們導向尊重及開放精神，如果我們希望讓多樣性豐富我們的人生，就不能沒有這種精神。

孩子們很早就會質疑，他們在學校的同學間觀察到的相異性。在納悶的同時，他們也全都能理解這些差異並不會「害自己少一塊肉」。因此他們可以早早學會不要害怕差異，而是為此開心。本章節就是要告訴你們這些。

1 享有自由並認同其他人的自由

　　我們偶爾會忘記自由是一種財富，或說人生中最大的財富。民主國家的人都認同人人有思想自由、表達自由、信仰自由，以及做自己的自由。但是享有自由的前提，是認同其他人的自由，所以我們都能包容別人跟我們想法不一致。為什麼我們必須認同其他人的自由？

思考與表達的自由

　　史賓諾莎思考過「最珍貴也最適意的財富是什麼」，換句話說就是自由。他認定每個人一定要被賦予思想和暢所欲言的自由，才能確保一個國家或共和國的安全。換句話說，史賓諾莎認為我們只有是自由之身才能一起生活。在得到這個結論之前，他對所有引發他在那個時代所目睹的衝突和殘酷暴行的原因深感興趣，他的結論就是，所有暴行和「粗野的靈魂」源於對上帝、懲罰、力量的畏懼；還有教會及國家濫用力量，將恐懼當作工具使用，確保支配人民，滿足私利。然而一旦某種力量冒稱握有「那個」真理的權力，特別是針對信仰，人民就會喪失自由，從此被奴役。所以史賓諾莎說無知的時代開始了，因為神的話語由人詮釋，而且人們遠離自己原本的樣子（他說人的本性是「慈悲與正義」）。反之，要避免專制與自由的終結，每個人必須能夠自由表達。要做到這一點，國家必須確保它在面對宗教時是獨立的。

　　為什麼要認同其他人的自由？如果我們聽從史賓諾莎的教導，我們應該尊重其他人的自由，因為和平還有融洽相處的可能性也需要這個尊重。在民主國家裡，我們認同每個人有思想及表達的自由，確保政教分離，就是排除必須服從唯一真理的危險，而且我們無論相不相信神，都不必害怕遭到報復或「懲罰」。

哲學動動腦

1

8-12歲

問題

思考寬容才能和他人共處

請問以下問題

什麼是寬容？

➡ 這裡幫助孩子發展思路：寬容就是接受其他人的不同，接受我們不見得同意對方的看法、信仰。

你們和朋友的想法一致嗎？你們都相信一樣的事嗎？

你們也有一模一樣的喜好嗎？什麼是多樣性？

➡ 一起思考人與人之間的差異：文化、信仰、觀點、性格等等。

我們可以彼此相異，但彼此相愛嗎？為什麼？

➡ 思考友情的豐富，正是因為我們不同，我們才能「互補」。可以參考第四章。

為什麼拒絕接受某個人跟我們不一樣，是很危險的？

想要全體和平共處，為什麼一定要尊重每一個人？

為什麼要一起追求和平？

當社會中的我們都和睦相安，有哪些幸運之處？我們能做什麼？

➡ 這裡要想想自由能提供什麼「改變」的可能性。

幼童區 6-7 歲

請問以下問題

如果有人不准你說出自己的想法,你會變成什麼樣子?

就算你很自由,有權說出自己的想法,但為什麼不可以說壞話?

當我們說某個人跟我們「不一樣」的時候,那是什麼意思?

➡ 這裡要探究生物之間的不同:外在特徵還有性格、信仰、說話方式等等。

為什麼拒絕接受某個人跟我們不一樣會是個問題?什麼是不寬容?

做自己的自由

不寬容有許多面貌,因為只要我們判定他人「錯了」,就要怪罪他們。只要每個人的自由不傷害到其他人,我們反而都應該擁抱相異性,並且將這些差異當成跳脫歧視、習慣、風俗、文化背景和教育,質疑自己的機會看待。因此,寬容並不僅限於尊重其他人的宗教信仰,還有他們的性取向、外表、生活選擇。如果我們平時都在練習寬容,精神折磨和社會衝突就會更少。如果我們每次在評判的時候,都能捫心自問「他是什麼樣的人,他的選擇會不會讓我少一塊肉?會傷害到我嗎?」大多數時候,我們都明白不會有這種情形,反而會注意到自己還有些關於相異性、他人自由的事要學習。

自由也包含改變、打造全新的自己、創造自己人生的自由，而不是只能按照教導、合乎社會常規的過日子，又或是選擇隨俗。最後一點，自由也代表我們有權自我矛盾與犯錯。包容別人的矛盾是認同對方也是人；我們不是機器，我們的評判、選擇都會因事件、邂逅和感受而異。

故事
安納托爾的頭髮

　　安納托爾班上的每個男孩子都留著短頭髮。多數孩子希望自己長得像他們的足球英雄，有些單純想被看作男孩子，別被誤認成女孩子而已。安納托爾的頭髮卻非常長，快要蓋住他幼小的身體了。他的捲頭髮金光閃耀，讓人很難忽略他的存在。他的捲髮遮住他的眼睛，別人跟他說話的時候，他得頻頻伸手撥開額前的頭髮，才能露出臉來。

　　學校的同學都嘲笑他，責備他不像一般的男孩子留短髮。安納托爾不愛吵架，喜歡在中庭跳舞。他的同學老是盯著他笑說：「芭蕾明星安納托爾！」教室裡只有耶莉、茉莉亞和愛麗絲不會嘲笑安納托爾，也從不會拒絕跟他玩。耶莉覺得安納托爾頂著長髮跳舞很有趣。他們兩人甚至發明一種海盜舞，想像自己在海上自由來去，要去征服新的世界。

　　有一天早上，安納托爾正要踏進教室，兩個男孩牢牢抓住他的手臂，攔下他。另一個男孩過來抓住他的頭髮，用剪刀剪下一撮長髮，然後笑著逃跑。

耶莉來不及介入，已經看見安納托爾在哭。目睹那一幕的茱莉亞與愛麗絲圍在他身邊。

「別哭了，安納托爾！」茱莉亞說。

「只因為你跟他們不一樣，他們就欺負你。」愛麗絲說。

茱莉亞牽起安納托爾的手，四個人一起走到樹下。中庭遠處有一棵橡樹，他們會圍在橡樹下開海盜會議。安納托爾眼裡滿是淚水，坐了下來。

「他們贏了，我要去剪頭髮，剪得跟他們一樣短短的。我就會像個男孩子，再也不跳舞了！」

茱莉亞看著他，一邊動著腦筋。她冷不防打開書包裡的筆袋，拿出剪刀，剪下自己的一撮頭髮，然後說：「我是女生，也永遠都是海盜。」

耶莉、愛麗絲和安納托爾詫異的看著她，接著放聲大笑，因為手裡拿著一撮紅色長髮的茱莉亞看起來還真像個海盜。

耶莉看著她的朋友說：「我們來約定：無論如何我們都要自由！」

他們擊掌，安納托爾抹乾眼淚，撥開眼前幾絡捲髮。

「那我們來跳舞？」他覺得被安慰了。

「跳！」她們異口同聲答道。

請問以下問題

為什麼安納托爾班上的男生要嘲笑他？

安納托爾想要留長髮和跳舞的自由。什麼是自由？

安納托爾享受自己的自由，有傷害到任何人嗎？

在這篇故事裡，心胸偏狹的人是誰？為什麼？

➔ 幫助年紀最小的孩子理解何謂不寬容（拒絕接受相異性）。

2 不寬容：從害怕別人到害怕自己

我們在這個部分將要著眼於不寬容及惡意的根源。我們會回到引發輕慢、憎惡他人情形的畏懼及恐懼上。這個時代的孩子經常聽見他人口出惡言，而且有時還要承受這種騷擾，因此這個部分理應可以讓你們和孩子討論什麼是惡言惡語的源頭。伏爾泰說要對惡意「掘而驅之」，這向來是人類的首要任務，以防範惡意，保持自由。

寬容並非沒有底線

我們應該縱容「不寬容的行為」嗎？伏爾泰的回答是「不」，因為這等於容忍惡意、暴力或愚蠢（往往會轉變成殘酷）。二十世紀的哲學家卡爾·波柏[26]指出這是寬容的悖論：不縱容「不寬容的行為」也是寬容。這是悖論，因為這句話自相矛盾。所以寬容並非沒有限度，也非絕對，而是有一道底線。就算寬容表示接受並認同不一樣的意見（他人的自由亦然），我們依然不應該包容所有意見，也不應該包容其他人的所有行為。反之，不寬容的行為必須受到懲罰，而且任何煽動恨意的行為都該被判刑。波普爾說沒有判刑或懲罰的話，就是讓不寬容摧毀寬容。

不寬容是對異己的惡意。從像上述校園故事那樣的頭髮長度，當然還有宗教信仰，一直到膚色，都能讓人說出最狠毒的話，做出最殘暴不仁的行為。我們要如何理解這種對他人的恨意呢？

---

26. 卡爾·波柏（Karl Popper, 1902-1994）生於維也納，是二十世紀的重要哲學家。他在科學哲學、政治哲學等領域均貢獻良多。

憎恨自己與憎恨他人

討厭或憎恨某個人，跟不喜歡某個人是不一樣的。感覺到仇恨或厭惡，隨之而來的是一連串負面情緒和毀滅性的想法。不喜歡某個人的時候，最糟糕的情況只是漠不關心而已。仇恨之所以是真正的禍害，乃因它不是一個普通糾紛的結果，幾乎總是區分你我的偏見，指控對方是「野蠻人」、「外邦」。反之，李維史陀說「把野蠻加諸他者的人才是真野蠻」，想像他人跟自己完全不一樣，「相信」他人是敵人的人，才是野蠻人。

諾貝爾文學獎的得主童妮‧摩里森就跟李維史陀一樣，以思想為武器，對抗種族歧視。這位美國黑人作家發展了一個有意思的論點，跟其他人類心理學和仇恨與種族歧視來源問題的理論不謀而合。她在《他人的出身》（*The Origin of Others*）一書中說：仇恨他人向來都是對外地人身上「有自己的影子」的恐懼。我們害怕的，不見得是他人跟我們不同，而是在他人身上**看見自己**，發覺自己身上有某樣我們無法接受的東西。於是憎恨某個人懶惰，或許就是無法接受自己的懶惰。

哲學動動腦　3　6-12 歲

問題

辨認惡意，加以對抗

?! **須知：**伏爾泰說必須將惡意「掘而驅之」，就是要把它找出來，彷彿它是一條躲在草叢裡的蛇那樣。即使蛇「本身」並不邪惡，牠只有在保護自己的時候才會發動攻擊。

請問以下問題

什麼是惡意？你可以舉幾個不同的例子嗎？

我們可以用不同的方式使壞嗎？

◯ 幫助孩子說出他們使壞的經驗：傷人的話、暴力的舉動。

我們可以接受某個人使壞嗎？為什麼？

》給年紀較大的孩子：寬容的底線是什麼？我們可以包容「一切」嗎？就算是邪惡、殘酷、愚蠢之事？為什麼？

為什麼我們有時候會害怕別人？

◯ 討論相異性以及當我們對自己沒有信心時，可能會流露出敵意。

3 接受自己和學習溫柔

伏爾泰在他的《論寬容》裡說：惡意是理智受到扭曲。我們在使用惡意的時候，就是思考推論時存心不良，詬病他人，說穿了這是把自己的恐懼投射在他們身上。大多數時候，邪惡的思想出現在設想其他人的時候——我們賦予別人他所不具備的特質。據史賓諾莎之見，這種投射主要來自於對他人的畏忌與恐懼。恐懼的結果以及恐懼受到政治利用，都可能釀成禍患。這就是為什麼伏爾泰透過哲學抗爭不懈，要矯正理智，讓理智「溫柔」。因為一旦恐懼攫取靈魂，人就失去批判的能力，出現凶暴的言行了。和孩子討論恐懼、偏見，教導他們要溫柔、包容，還有對任何過度行為及暴力的寬容底線，全都是至關重要的事。

敞開胸懷，擁抱他人及多樣性

當我們對任何相異性敞開胸懷的時候，我們一定會對各生物間的多樣性感到驚奇。開放精神跟寬容相伴相生，因為我們帶著趣味和好奇心容納不同的文化、性格或信仰。這才是貨真價實的相遇：我們眼中的對方就是他原本樣子，也明白這些差異並不會讓我們少一塊肉。維持心胸開放，我們體認到彼此都是人，歷經喜怒哀樂，被往事、回憶、希望或夢想塑造過。對他人敞開心胸，我們就有可能為自己發掘新的興趣、新的喜好和新的世界觀。如果我們都一模一樣，那有什麼好分享呢？文化的多樣性帶來源源不絕的冒險和驚奇，只要我們體驗過，就能發現「團結」這個詞是什麼意思。因為即使我們都不一樣，也都因為想要好好生活和身邊圍繞著心愛之人而凝聚在一起。

只要我們不屈服在對他人的恐懼之下，就可以隨心所欲去愛，因為我們不會誤解他人。如果我們像摩里森建議的那樣，擺脫對自己的恐懼，那麼我們也是自由的。滿意自己，不怕我們可能在自己的欲望中發現什麼，無疑是治療惡意與仇恨的靈丹妙藥。因為如果我們接受自己，跟自己相處甚歡，我們就不會感到羨慕，也不會厭惡他人。

　　比較與競爭都會讓關係緊張，在缺少幽默感的時候，這種關係會危害我們。發出最多有關較量危害警示的哲學家，莫過於盧梭。他說：看著別人，我們永遠做不了自己。對相異性關上心房，等同於封閉自己：除了我們的先入之見，我們壓根不想深入瞭解其他人。但這是忘記懷疑與提出質疑，兩者對公正的思考來說，缺一不可，而且我們只有擁抱多樣性，人生才富足。

哲學動動腦

4

6-12 歲

這個活動與本章的創意動動手有關。

問題
人類間的相異性及相似性

請問以下問題

想像你在一條人滿為患的街上，

你在人群中觀察到的外表差異有哪些？

➡ 這裡要專注在外表特徵上：膚色、身高、髮色、眼睛、年紀、身材等等。

現在想像這些人的共通點：這些人想要什麼？

對每個人來說什麼是重要的？

➡ 我們可以想像這些人都喜歡笑，全都心有所屬，全都會作夢等等。

》給年紀較大的孩子：什麼是多樣性？我們可以全體生活在一起，卻不相信同樣的事嗎？怎麼做？

溫柔是美德

溫柔是一種美德，亦即一種優點。在教育孩子的時候，我們有時候會建議他溫柔一點，控制他的動作，注意說話的語氣。我們鼓勵孩子斯文一點，不要弄痛別人。然後我們忘記溫柔對成人來說，仍然是個不可或缺的優點。古希臘人認為，溫柔甚至是共同生活的必要優點。因為溫和就是包容人類的「弱點」。什麼是我們的弱點？或許是經常陷入恐懼、讓我們輕率反應、說出違心之話的人類情緒。哲學家羅米伊[27]研究溫柔以及這個德性在群體生活、公正社會的建立中扮演的角色。她在《希臘人的溫柔》（*De la douceur chez les Grecs*）書中解釋溫柔待人，就是接受並容納別人的痛苦。

認同其他人也會有痛苦、疑慮的時候，有時也會遭逢劇變，就是認同他們也是人，而且善感；也就是接受別人犯錯，但永遠不會想到報仇，也永遠不會訴諸暴力。

我們越是寬容，我們越是運用溫柔待人、行善的能力，越能締造一個儘管人民各個相異但相互認同的社會。溫柔不是「天真無知」，而是一個強大的優點，因為它促使我們向其他人敞開心胸，讓我們在其他人身上認出自己，儘管彼此相異。這是一個讓我們充滿人情味的能力。

---

27. 羅米伊（Jacqueline de Romilly, 1913-2010）是法國哲學家、古希臘文明及語言的權威，也是法蘭西學院院士。

故事

麗莎-瑪麗亞的超能力

在麗莎-瑪麗亞十一歲生日當天,一起床就鬧哄哄的;她張開眼睛,跳下床。她感覺自己正在參加奧運,目有精光,在公寓裡東奔西跑,找遍媽媽潔哈汀可能藏禮物的地方。找了半天找不著,她去哥哥馬塞的房間找。馬塞看著她在自己房裡翻箱倒櫃,很不高興。

「麗莎-瑪麗亞,妳進來前沒敲門。」馬塞喊。

麗莎-瑪麗亞相應不理,逕自在哥哥的床下、衣櫃、抽屜裡找……什麼都沒有!

「妳去魔法門裡找啦,」馬塞說,「這樣妳就可以離開我的房間。」他補充說。

麗莎-瑪麗亞假裝沒聽見,但是她開始往壁爐的方向跑。那邊的地板上有一扇活門,她經常和馬塞在活門裡找到消失的玩具。

麗莎-瑪麗亞抬起厚重的木條,就跟之前每次一樣,她果然在那

裡發現一樣東西，只是它既不是一個包裹，也不是禮物，而是一個藍色信封。她撕開信封，從裡面拿出一張紙條，上面寫著：「給麗莎-瑪麗亞的十一歲生日，妳會獲得讓每個人溫柔的天賦。」

麗莎-瑪麗亞嘆口氣，她覺得被擺了一道。

「媽媽！」她使盡力氣喊道，「這卡片是什麼東西，在跟我開玩笑嗎？」

潔哈汀看著卡片，笑著說：「這麼美好的一天就該有一張漂亮的卡片，麗莎-瑪麗亞。」

麗莎-瑪麗亞回到房間，坐到床上盯著卡片看，一副若有所思的樣子。馬塞來了，在她旁邊坐下。馬塞從她手裡輕輕地拿走卡片，高聲念起來：「讓每個人溫柔的……天賦？跟什麼一樣溫柔呢？妳可以去找提庫太太啊，她如果沒有對著妳大吼大叫，那就是說妳真的有天賦。」

提庫太太是他們的鄰居。她只會說愛沙尼亞語，嗓門非常大，說話時都像在吼叫。兄妹倆從幼兒時期就會拿這個來尋開心。

「好，但是你也要一起來。」麗莎-瑪麗亞說。

馬塞什麼話也沒說就跟著妹妹走。才來到鄰居家門外，他們已經聽到提庫太太用愛沙尼亞語埋天怨地。馬塞笑起來，接著麗莎-瑪麗亞敲了三下門。

「我是住在隔壁的麗莎，我來跟妳借雞蛋做我的生日蛋糕。」

提庫太太立刻開了門，深深吸了一口氣，好像準備獅吼，說他們打擾到她了，但她卻閉上嘴巴，沉默不語了好半晌。沒有人敢說

話。提庫太太好像不知所措，接著呼吸一口氣，才開口說：「麗莎小美女，妳今天幾歲了？」

麗莎-瑪麗亞和馬塞，你看我，我看你，又驚又喜。他們帶著一打新鮮雞蛋走回家。

「爸爸，」馬塞跟奧利維說，「麗莎-瑪麗亞什麼都不用做，就能讓人變溫柔。」

奧利維哈哈大笑，說：「麗莎-瑪麗亞，妳有超能力了！妳要用它來做什麼？」

「環遊世界。」她不加思索回答。

請問以下問題

為什麼讓人變溫柔是一種「超能力」？

什麼是溫柔？它與什麼相反？

➡ 討論溫柔／凶暴（或冷漠）的對比。

為什麼溫柔是一種優點，可以讓人容易和他人相處？

》給年紀較大的孩子：為什麼麗莎-瑪麗亞想要帶她的「天賦」去環遊世界？她可以幫助誰？溫柔如何能夠凌駕對他人的恐懼？

結論

　　寬容需要一些像是溫柔和善良的優點。接受別人的不同，無論他們的本性為何，我們就有可能建立比較堅固的連結，有助於我們和諧共處。這是因為和平需要寬容，在個人或是群體的層面上，寬容都是必備的，因為一旦有人遭受歧視，凶暴的言行就會立刻現形。我們要對抗的是，對他人的恐懼和源於恐懼的仇恨，以及偏見與任何形式的歧視。

　　我們經常忘記是別人幫助我們思考的，是我們的邂逅相逢和日常交流，打造我們是什麼樣的人。然而多樣性就是在這個時候擔任要角，因為它讓我們用新的角度去看待原本的信念，也豐富了我們的經驗和想法。此外，我們在包容的時候會體驗到何謂恕己及人，這對和自己相處、與他人共處相當有用。不僅待人處世，這些優點也有利於做自己：當我們接受原本的自己時，我們會更自由。換句話說，當我們接受自己和其他人缺點的時候，會更自由。

　　最後一點，練習寬容讓我們得以體驗什麼是道德底線，在面臨不受尊重或是某種凶暴對待的時候，可以保持警覺。寬容的底線（止於傷人意圖）會帶來一種處世觀：我們選擇自由、平等和博愛的共同生活。

6

6-12 歲

問題

認識自己，承認自己不完美

請問以下問題

我們人類是完美的嗎？什麼是缺點？你可以舉幾個例子嗎？

➡ 一起討論何謂「不完美」。孰能無過，我們有時候話說得太快，在情緒失控下發怒。我們會漫不經心或走極端等等。

為什麼包容其他人的缺點很重要？

我們能夠喜歡我們最好的朋友，卻無法忍受他的缺點嗎？為什麼？

➡ 這裡的寬容，是一種認識並接受其他人缺點的方法。盧梭說：我們都是「可以改進的」。換句話說，我們可以改善自己，糾正某些缺點，但我們永遠不會是「完美」的。

創意動動手

創作一棵樹
表現人類的真相

請見「哲學動動腦4」

所需時間：1小時30分-2小時

多樣性之樹

我們要完成一棵大樹，用來表現我們之間的相似性，尤其是我們人類的各色各樣、豐富多彩。

最後孩子可以在樹幹加上一個充滿希望、愛和共感的簡短訊息，獻給他人。

這個創意活動可以讓孩子有更好的領會，原來人類的出身、思想、文化背景等等是這麼千般萬樣，並且將這個多樣性視為力量和豐足。我們的目的是激發孩子善待他人、體貼、合作、共感的精神。

材料

· A2尺寸的大型紙張，或至少A3大小

· 1-2張綠色色紙（也可以用白紙）

· 1-2張A4單一顏色的色紙或白紙

· 壓克力顏料或是其他材質的上色工具，
  像是彩色筆、蠟筆、色鉛筆等等

· 鉛筆

· 剪刀

· 口紅膠

· 橡皮擦

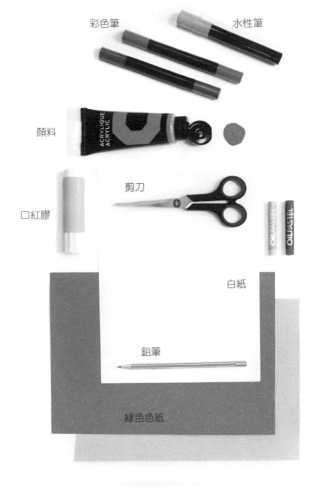

彩色筆　　　　　水性筆

顏料

剪刀

口紅膠

白紙

鉛筆

綠色色紙

大型紙張

步驟

訣竅

· 如果沒有大型紙張，可以將兩張A4紙用膠帶黏起來，或是改用牛皮紙；只要是單色的平滑紙張就好。

· 如果沒有綠色的色紙，就把白紙塗成綠色。

· 孩子在畫樹的時候，注意，樹頂要夠大，才可以黏貼東西。樹根上也要留下足夠空間，才可寫字在上面。

· 如果沒有太多材料也無妨，可自由使用畫材，發揮你們的創新精神和創造力吧，沒有什麼事是不可以的。

1 先打草稿，畫出一棵填滿整張大紙的大樹。要確實畫出樹幹、茂密的樹葉、幾根樹枝和樹根。

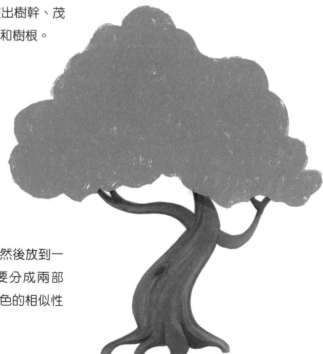

2 不需要太仔細著色，然後放到一旁。接下來的工作要分成兩部分，表現人類形形色色的相似性和相異性。

多樣性

3 花時間想一想你身邊的每個人和你的朋友,還有在學校、超市、公共運輸工具上遇到的人,或是度假時碰到的人等等。是什麼讓我們全都不一樣?想一想每個人的外在特徵(臉型、眼睛、膚色、頭髮等等),以及語言、信仰或文化、機智相關的特性,也可以想一想出生地或是意識形態,又或是思考模式、人際關係的應對等等。

4 接下來孩子可以用他選擇的筆具,在樹根旁邊寫下幾個人類之間的差異;像是「語言」、「年紀」、「顏色」、「意識形態」、「文化」等等。

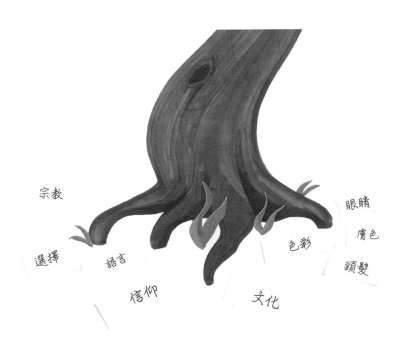

宗教

選擇　語言

信仰

文化

色彩

眼睛

膚色

頭髮

5 在色紙或白紙上畫一些長相不同的頭／臉或上半身，代表不同的人物。頭部尺寸必須合乎比例，才可以貼在大樹上。

6 發揮想像力製作人臉，就算長相特異也沒關係；顏色和形狀也都沒有限制。想一想，有哪些不同的髮型、瞳孔顏色和膚色、配件與服飾等等。再依照自己的喜好替每張臉或上半身著色。

7 剪下這些人頭，分散貼在你的樹葉上，一直貼到樹頂。

相似性

8 思考我們身為人類的所有共通點。尤其可以想想大家所共享的,像是情緒感受、基本需求等等。

9 在你的綠色色紙上畫一些尺寸一致的樹葉,接著在上面寫幾個反映相似性的字詞或概念;像是「吃」、「愛」、「笑」、「作夢」、「感覺」、「玩」、「相遇」、「感受」、「學習欲」、「充分發揮己長」等等。葉子的大小約為那些頭型的二分之一,或是足以讓孩子寫字的尺寸即可。如果沒有綠色色紙,只要把紙張塗成綠色就可以了。

10 葉子完成後,讓孩子把葉子分散黏貼在樹枝上。

11 現在你們的樹就快要完成了,請孩子想像一句話、一段訊息或短句,傳達對人類的肯定、同情、愛。你們可以直接把訊息寫在樹幹上,或是寫在一張紙上,再黏到樹幹上。

6

死亡是
生命的一部分嗎？

生命的每一刻

在本章節中……

哲學

是什麼？在這個章節中，我們將要討論一個非常重要的主題：死亡與止境，就是我們人有大限或是必朽之身。如史賓諾莎所言，思索死亡就是思索生命。因此我們會提到為了「活得精采」，要用不同的方式討論死亡。死亡甚至可喜，也能當著它的面歌舞，那是接受死亡和克服恐懼的一種方式。

怎麼做？我們將要思考死亡在我們生活中的位置：我們真的經歷死亡，或者它只是一個想法，一個抽象的字眼呢？要回答這個問題，我們要分成三段式進行，首先根據古代的哲學家之見來思考死亡「與我們無關」。然後，我們要探索接受死亡和智慧有何關聯。最後，我們要思考死亡和生命並不對立，而是相互補足。

為什麼？孩子早在四、五歲就會問有關死亡的問題，他們匯聚了我們散播的恐懼，尤其擔心一個不能說的禁忌話題：因為我們很少說到或是從來不說死亡。死亡能讓我們「活得精采」的想法可能很奇怪，但卻是一個成功面對痛苦的方法。這種痛苦經常在我們失去某個人或想到自己死期將近的時候，衝擊我們。

目標 本章的目的是讓孩子暢所欲言，針對一個攸關我們全體的決定性主題，開啟豐富的對話，並且勇敢提到正因為我們並非不死之身才有的機會和可能性。

創作

做什麼？我們要完成一幅「大自然的禪繞畫」。「禪繞畫」（Mandala）是一個梵文詞，意指「圈」，經常是「輪迴」（saṃsāra）的一個寓意，而「輪迴」是過渡、各種生命的周期與重生的意思。在許多傳統中，畫禪繞畫是一種靈修，目的是利用沉思，示範生命的朝榮夕滅。

怎麼做？首先你們要去戶外散步，同時撿拾各種大自然素材，像是花、莓果、葉子等等。接著在平坦均勻的平面上，例如草坪或沙地，創作一個從中央開始向外、對稱、輻射散開的圓形作品。

為什麼？創作「大自然的禪繞畫」是一個幫助你們放慢腳步並重新與大自然連結的好時機。對稱的圓形，象徵大自然的法則，亦即循環的節奏。這個活動會讓孩子去觀察大自然其他周期模式，像四季、月相、生命與死亡。這個作品會隨著時間過去、素材枯萎而變樣，讓孩子意識到在人類身上及大自然中，處處可見變化與重生。

目標 這個活動鼓勵孩子對生命有完整的意識，也鼓勵他們與大自然連結。孩子可以憑直覺去自由創作、去實驗，藉此認識自己的創作潛力。這個短促、稍縱即逝的作品，促使孩子理解並接受生命本就如過眼雲煙。

前言

　　死亡是不可避免的經驗，然而我們不會親身經歷，也只能帶著無力感，懼怕它：有一天，我們不在人世了；有一天，我們的親友不在人世了。孩子早早就會有所疑問並問大人：**我們死掉之後會去哪裡？**

　　為什麼我們會死？走了，「不在人世」了，無疑是孩子最難接納的事之一，因為他們的人生才剛開始，而且有種生命永無止境的感覺。然而孩子老早就明白什麼是「止境」，他們明白沒有生物能永恆不朽，總會有「結束的一天」，而且他們的生命正在倒數計時中。失去親愛的人經常是我們跟死亡的「第一次相遇」，**死亡卻依然是一大謎團：如何接受我們再也見不到心愛的人？我們是如何從「有我這個人」過渡到「沒有我這個人」的狀態？**

　　我們人類終其一生都在對抗死亡。只要有可能，我們就會努力預防各種疾病，注重養生，避免不必要的危險。我們會這麼謹慎是很自然的事，因為這就是我們口中的「求生本能」。

所有生物都有這種驅使我們活下去，千方百計推遲死亡的本能。這個本能會透過一種情緒，即恐懼，讓我們保持警覺，因此我們會害怕死亡幾乎是天經地義。我們很經常把死亡當成最糟糕的事，所以懼怕它；因為死亡是未知，而人類懼怕未知。

　　我們終生都把心思放在我們從事的活動、我們喜愛的人事物（尤其是心愛的人）上面，只依稀知道自己總有一天會離開人世，但不知道死期，也不知道死因。然而我們抱著隨文化及信仰而異的死亡觀過活，同時對此不加理會。因此自古以來，無數哲學家都拍胸保證我們不應該擔心死亡。

　　伊比鳩魯認為「死亡與我們無關」，輕如鴻毛，只是烏有，沒什麼好怕的，因為死亡來臨的那一刻，我們就不在人世了！但是我們真的可以忘記死亡在前方等著我們嗎？拉丁古諺「勿忘人終有一死」（memento mori），促使我們不過於重視物質，謙遜過活。

　　死亡屬於生命的一部分嗎？或只是一個我們永遠也無法得知的狀態？為什麼要思索生命、生命的終點與死亡？這正是我們提議你們和孩子討論的問題，會發現我們在面對死亡的時候，可以像蘇格拉底那樣勇敢又智慧。而且死亡並非和歡笑、輕鬆全然沒有半點瓜葛。

1 死亡是一個缺席的存在

我們經常這樣想、這樣說：死亡是一個謎團。我們不懂死亡，又沒有經驗，這就是為什麼對自己解釋死亡是這麼困難，更別說跟孩子解釋。我們有時候會受苦，但就算痛苦，我們依然在體驗生命。反之，死亡類似休息，一場沒有夢也不會醒來的長眠。即使我們不懂死亡，我們倒是知道所有經歷都是短暫的，我們確信死亡有一天會帶走我們和回憶、夢想、痛苦……所以死亡存在於我們的思緒中，卻在我們的生活中缺席。因為死亡在生活中缺席，就該從我們的思緒中驅逐嗎？我們可以將死亡化為烏有嗎？它真的輕如鴻毛嗎？

神祕無解的死亡

世間有無數神祕的事物，考驗著我們的思考能力，死亡就是其一，像是時間、宇宙或是藝術的某些方面。為什麼聽音樂的時候很愉快？我們說不上來。這就是為什麼哲學家弗拉迪米爾・瓊科利維奇[28]說音樂就跟死亡或時間一樣不可言喻；也就是說，這三者都神祕到無法探測，我們無法說出個所以然。

當我們從生過渡到死，意識不到為我們流逝的最後一秒：這最後一秒讓我們從生過渡到一個難以理解的狀態，從來沒有人還陽回來，告訴我們那是什麼。瓊科利維奇說我們死亡的時候，我們不會改變，而是我們的全部在一個「我不知道是什麼」的狀態中擺盪。也許是像所有宗教說的，一個截然不同的世界，也許是回到最初的「沒有」、「虛無」。因為誕生同樣神祕，只是我們會用不同的方式迎接、慶祝。我們只有透過替代性的死亡去體驗，也就是說，我們經驗的是別人的死亡。我們體驗到死者從我們生命中拿走、截去了一部分，並認識到死亡有滅絕、摧毀的力量，而且隨機。因為我們永遠也不知道死神什麼時候來「敲門」，也不知道它會怎麼敲。

---

28. 弗拉迪米爾・瓊科利維奇（Vladimir Jankélévitch, 1903-1985）是法國哲學家、音樂學家。

哲學動動腦 **1** 6 - 12 歲

生命中最大的疑問

請問以下問題

為什麼我們說死亡是一個謎團？

什麼是神祕？

為什麼某個心愛的人離世的時候，我們會難過？

為什麼有時候我們會覺得死亡很不公平？

➡ 這裡要討論死亡的「偶然性」。就像漫畫人物被雷打死那樣，死亡有時候是一場意外。

關於死亡，你有什麼想知道的事？

➡ 這個問題回到神祕的問題上，協助孩子提出問題、懷疑、恐懼。

為什麼害怕死亡有其用處？

想像特技演員懸空在一條繩索上行走，為什麼我們會覺得瘋狂？

➡ 這裡你們可以想一想，害怕死亡和行事謹慎之間，有什麼自然的關聯。例如，極限運動裡，膽大無畏和甘冒風險是一種正視死亡恐懼，或是付之一哂的方法。

要是死亡與我們無關呢？漠視死亡

伊比鳩魯在生命尾聲，寫了一封信給他的弟子美諾寇。這封信後來無人不知，而且理當如此；信中的幾行字涵蓋了他的哲學精髓，揭示獲得快樂與智慧所需要採用的行為——對古代的哲學家來說，兩者相伴相生。

伊比鳩魯給美諾寇的第一個建議，就是盡快開始哲學思考，因為「哲學思考永遠不嫌早也不嫌晚」。對伊比鳩魯而言，哲學是一條通往智慧與快樂的路，如果我們希望得到快樂，毫無疑問必須立刻學習哲學。

伊比鳩魯緊接著說到死亡，他說要快樂就必須清除對死亡的恐懼，死亡「與我們無關」。他的解釋是，死亡奪走了我們的感覺與感受，也就是說，我們只有在活著的時候才能感受歡愉和痛苦。為什麼我們應該懼怕死亡，只因為它剝奪了我們的感受？伊比鳩魯說恐懼死亡不只徒勞還無用，因為死亡「既不為活人，也不為死者存在」。

這個令人拜倒的明智教訓，歷久不衰，因為它鼓勵讀者從背負著的最大恐懼——失去生命的恐懼——中釋放自己。伊比鳩魯還補充，我們不必怕死，而是要為活著的時候擔心。他說無論我們的壽命是長是短，只要一生順遂，到了臨終的那一刻，無需害怕，也不必懊悔，反而要因為不虛此生而開心，以便「安詳離世」。

按伊比鳩魯之見，漠視死亡而非漠視生命就是智慧，他認為生存在世是一個天大的好機會，可以安心享樂。所以我們必須把握所有快樂的機會，不要去想「不屬於我們，但也並非不可企及」的未來。

哲學動動腦 **2** 6-12 歲

故事

諾拉和老智者伊比鳩魯

　　諾拉第一次聽人說起死亡的那一天，她正在學校。她的同學一臉熱淚，在下課時間告訴她：「我爺爺死翹翹了！」諾拉不是很明白為什麼人會死，還有為什麼老爺爺非死不可，還有小鳥被貓抓住的時候……諾拉總是挽起袖子，準備打架似的，向死神吐了吐舌頭：「我才不會死呢。」她嘟噥道。

　　有一天晚上，她睡得正香，一位老爺爺憑空出現，像變魔術一樣。這位老爺爺跟其他的老爺爺很不一樣，這位老爺爺飄在半空中，全身亮光光的。他長得很像梅林魔法師，一頭白色長髮，白鬍鬚都垂到地上了。諾拉揉揉眼睛，以為自己在作夢，但不是！真的有位老爺爺浮在半空中，一副很精明的模樣。

　　他看著諾拉說：「諾拉，我的名字是美諾寇，我的哲學老師教了我有關死亡的事，我想要傳授給妳，妳願意嗎？」

　　諾拉不怕老美諾寇，想也不想就回答：「願意！」

　　美諾寇告訴她：「我跟妳一樣大的時候，有位年邁的哲學老師伊比鳩魯，他總是快快樂樂、平心靜氣，別人都說他是個智者。有一天，他在臨終前給了我一封信，信中告訴我，**不要害怕死亡，要快樂就要接受死亡**。他教了我一件很簡單的事：**死亡與我們無關，**

因為我們死了以後什麼也感覺不到，什麼感受也沒有了。就算搔癢，我們也笑不出來；捏我們，我們也感覺不到痛。他告訴我，如果想要快樂，而且活得開心，我就應該做一件事：接受死亡是生命的終點，盡可能享受人生，不要去想死亡。」

話一說完，老美諾寇轉過身，消失無蹤，留下最後一個建議：「好好思考我老師說的話，諾拉！」

諾拉不敢相信自己的眼睛和耳朵，趕緊找找床底下，看那個老爺爺是不是躲在那裏。她再也沒見過那位老爺爺，但她沒有忘記美諾寇和伊比鳩魯的教導。諾拉不再向死神吐舌頭，而是每次哭或笑的時候，都會想起美諾寇，因為她知道自己活著！

請問以下問題

為什麼諾拉想要長生不死？什麼是長生不死？

美諾寇說接受死亡就會快樂。你覺得這是為什麼？

為什麼美諾寇的老師伊比鳩魯認為我們不應該害怕死亡？

失去某個人

或許我們也可以跟伊比鳩魯一樣，接受死亡其實「輕如鴻毛」。我們嚥氣的時候，什麼都感覺不到，因此不必擔心。然而就算我們不擔心自己的死亡，失去心愛之人的擔憂也揮之不去，因為他們無可取代。我們能說其他人的死亡「輕如鴻毛」嗎？當親愛的人離世，我們感覺到哀傷，這難道不是一種「體驗」死亡的方式？

在遇到至親突然死亡的慘況中，倖存者有時候會有自己一部分靈魂被死者帶走的感覺：在接受治療的漫漫長路上，就是找回活下去的欲望。悼念是「短暫的死亡」，因為一切都停止了，我們無法想像自己還能復生。我們一生中都會見證他人（親友或陌生人）的死亡，或多或少被觸動，而當痛不堪忍的時候，我們可以有種經驗死亡的感覺：苦海無邊，人生無望。

我們無法真正體驗死亡，也無法描述自己的死亡，但這是一個我們在失去某個珍貴人物時都見證過的經驗，所以死亡在我們的生命中並非徹底缺席：我們相信死亡必然，因為我們眼看著別人失去生命。或許死亡終究只有透過「失去摯愛」的經驗才能「存在」。

哲學動動腦　**3**　6-12 歲

問題

失去摯愛

請問以下問題

為什麼某個家人或摯愛過世的時候，我們會傷心？
或甚至我們的寵物死掉的時候？那時候我們的感覺是什麼？
為什麼某個人離世的時候，我們說他「走」了？

》給年紀較大的孩子：為什麼接受摯愛的死亡很困難？面對死亡的時候，我們能夠無動於衷嗎？如果我們身邊沒有人死去，我們會相信自己會死嗎？

2 生命中的練習

蒙田說：「**哲學思考就是學習死亡**」。在整個西方哲學歷史中，我們再度找到這種承自古代哲學的教訓：不用懼怕死亡，因為它是一個給心智的絕佳「練習」。事實上，正因為我們記得天下沒有不散的筵席，所以我們學著享受。沉思死亡會讓人活得比較有智慧，或是活得比較精彩。有時候有些人甚至會慶祝死亡，例如墨西哥的亡靈節（Dia de los muertos），人們在盛大的嘉年華會中假扮成骷髏，假裝害怕。我們之後會看到死亡如何邀請我們歡慶生命，藉此追念往生之人。

學習死亡

我們可以學習死亡，像學習一門外語那樣嗎？或是像學習彈奏樂器？蒙田一定會回答：是的。因為他認為死亡就跟其他事情一樣需要學習。他就如同古代的斯多噶派哲學家，認同人必須習慣死亡的念頭。因此他建議我們，無時無刻（就算在歡宴作樂當中）都不要忘記死亡在等著我們。這種想法令人意外。我們正是欣欣得意、同歡享樂的當頭，為什麼要想著死亡？當然是要讓我們有所準備呀！在生活中避開死亡的想法，否認它，會導致我們把日子過得彷彿永生不死，虛擲每一天、每個當下。這種態度也會把我們帶往虛榮，換句話說，想要富貴榮華。

反之，把死亡「擺在眼前」，我們會時時刻刻不忘活著。對蒙田而言，每一刻都有重生的可能。要經驗每分每秒的可能性，就必須準備死亡，記得每一天都有可能是最後一天。因為死神「敲門」是沒有特定對象的。

所以學習死亡，就跟學習生活同樣必要，要清楚意識到我們是凡夫俗子，生命有時盡。這段有限的時間可以過得精采緊湊，樂趣橫生。對那些很清

楚死亡是我們生存必經之部分的人而言，「活得精采」變成第一必要。於是我們就像斯多噶派哲學家塞內卡說的那樣不「留戀」生命，盡情的活在當下。他說，「於是我們抱著不虛此生的感受，視死如飴。」

哲學動動腦

4

8-12 歲

哲言

閱讀下面的哲言，接著問問題，並在閱讀解釋之前先一起思考。

1. 「死亡不會讓智者驚訝，因為智者總是做好離開的準備。」
—拉封丹

➡ 拉封丹在這句哲言裡說，智者「準備好」隨時要死亡。為什麼接受我們終有一死，是一種智慧？智慧又是什麼？

➡ 這裡你們可以討論，學習死亡就是智慧。學習死亡等於接受我們活人的境況，也就是人必有一死。智者意識到這一點，而且就算他明天就要死去，也不去「抵抗」人類的本質。我們必須理解「智慧」是面對死亡，就像面對生命一樣冷靜，放下一切。智者不畏死，不會逃避，也不會尋死。他接受死亡。

2. 「烈日如死亡，令人無法逼視。」 ——拉羅什富柯

我們可以直視太陽嗎？為什麼？

為什麼拉羅什富科說凝視太陽或凝視死亡是一樣的事？

➡ 這句名言指出死亡是一個謎團，我們對此一無所知。我們可以從這個比喻中得知死亡的威力，相當於太陽的威力。太陽代表強大的生命力（它照耀我們，還會影響地球生物的作息），死亡正好可以說是它的反面：它滅盡行經之處的一切，我們卻「看不見它」，意思是我們對它一無所知。

死後還有來生嗎？

我們絲毫不知道生命結束「之後」會怎麼樣。我們可以相信，甚至信仰，有來生在等著我們；我們可以期待在那裡與我們失去的人重逢，於是每個宗教都有某種對死亡的描繪，而且全都肯定靈魂不死。

對信神的史賓諾莎來說，人不應該擔心，也不該想像死後還有來生。對他而言，真正的信仰，不是因為害怕來世會遭受報應或懲罰，而服從上帝。反之，他說真正的信仰是上帝的愛，也就是認識真正的上帝，還有真正的我們，我們的本質。然而我們沒有死，我們還活著，愛上帝就是愛生命。對史賓諾莎而言，思索死亡就是對生命的沉思，而且「自由之人最少想到死」。

他說恐懼是一種「悲傷的」激情，讓人無法過好「現世的人生」。所以他認為我們必須留心所有對「來生」的詮釋，只須專注在我們可以知曉的事上面，而不是去想像不知道的事。

無論我們相不相信神，史賓諾莎都提醒我們要**保持理性**，以便遠離想像「來生」造成的迷信，避免活在恐懼之中。史賓諾莎認為，思考死亡會提醒我們生命、喜悅與愛。他說必須付出行動，去生活，而不是害怕與恐懼不可能得知的事。

讚頌與慶祝死亡

死亡會讓我們聯想到悲傷、絕望與哀悼。在我們西方人的文化裡，他人的死亡被視為像一樁慘劇那樣，而我們本身的死亡往往會引發不堪負荷的焦慮感。不過在諸如非洲、墨西哥和其他地方的文化中，則會真的「慶祝」死亡。但準確來說，在葬禮上載歌載舞，是為了追憶死者，他們感覺逝去的親人依然存在。

墨西哥每年都有亡靈節；人人在自家門前架起一個色彩斑斕的小靈壇，上面有祖先的照片，也擺放水果、鮮花和曾經屬於死者的物品。他們還會舉辦大型遊行，像是絢麗骷髏頭的盛大嘉年華會。對墨西哥人來說，遺忘才是真正的死亡。如果我們忘記自己的祖先，他們就會死在我們心中，從世界上消失。因此讚頌亡靈，就是讚頌那些曾經在世的人、他們的回憶，也是經由他們享受一場盛宴，他們都「出席」了那場盛宴。戴著亡靈面具遊行、跳亡靈之舞也是讚頌生命的方式。哲學家尼采說，我們必須懂得在懸崖邊起舞：與其為死亡而苦惱，他視跳舞為終極良藥，因為我們的心也跟著輕盈起來！

故事

梅倫的墨西哥歷險記

　　八歲的梅倫是個勇敢又快樂的孩子。他最愛吹小號，而且天不怕、地不怕，只怕骷髏頭。每年到了萬聖節，孩子們打扮成鬼怪、吸血鬼或骷髏頭，梅倫卻留在家裡，嚇到動彈不得。有一天，他的父母可可與祖祖決定幫梅倫正視他的恐懼。十一月初，一家三口前往墨西哥參加亡靈節，街頭處處可見鮮花、裝飾品，家家戶戶擺滿了逝世祖先的照片。可可和祖祖向梅倫解釋，這個節日是一種不忘記死者與我們愛過之人的方式。

　　「今天晚上每個人都會上街唱歌跳舞，是一場盛大的嘉年華，但因為你會怕骷髏頭，我們沒辦法去參加遊行。我們就待在屋子裡，聽外面的音樂，好嗎？」祖祖問梅倫。

　　「明天街上就沒有骷髏頭了嗎？」梅倫問。

　　「慶典明天就會結束，沒有骷髏頭了。」可可說。

　　就在他們靜靜地坐在晚餐桌前時，街上的人群開始慶祝了。他們聽見吉他聲、歌聲、笑聲，他們透過窗戶看見城裡到處都有點燃的蠟燭。梅倫也聽見兒童在歡笑、開心叫喊。

　　他問祖祖：「為什麼他們要打扮成骷髏頭？」

「因為要嚇跑他們的恐懼啊！這就好比對死神大喊『BOO』！然後他們唱歌跳舞，想像自己和祖先一起唱歌跳舞。」

梅倫上床睡覺，聽著城裡傳來的嘈雜樂聲。他睡不著，因為他想待在窗戶邊欣賞遊行，但又很害怕和骷髏頭面對面。

忽然間，樂隊聲傳進他的耳裡，音量大到他覺得好像樂隊就在他床邊演奏。樂隊霎時停止演奏，只剩下小號的聲音，那樂音響亮活潑。梅倫從來沒有聽過這樣的小號聲，他跳下床，到窗邊聆聽小號樂音，看著樂手演奏，忘記那一整群人都打扮成骷髏頭。

他立刻跳上爸爸媽媽的床：「快點，我們下去，骷髏頭裡有人在吹小號。」

梅倫就是這樣甩掉了他對骷髏頭的恐懼。他永遠也忘不了那一天，因為他學到我們可以依靠自己熱愛的事情來克服恐懼。

請問以下問題

梅倫是怎麼克服他對骷髏的恐懼？

為什麼墨西哥人會跳舞來慶祝死亡？

》給年紀較大的孩子：根據墨西哥傳統，遺忘是第二次死亡。為什麼？

➡ 說明這代表遺忘自己的祖先。

?! 須知：動畫片《可可夜總會》（Coco）的故事就是發生在墨西哥的亡靈節。這是個討論死亡和遺忘，並理解墨西哥節慶背景的好方法。

3 生命、死亡和改變

「成為某種人」，或簡單說「改變」，意味著朝某種事物移動，從一個狀態變成另一個狀態。我們終其一生，都會隨著每一次抉擇與體驗而改變、產生變化。我們就是在觀察孩子成長的時候記起來，因為我們視孩子為「變化中」的人。我們要在這裡思考死亡是改變的條件，像是新生與重新開始。

想要長生不死

伊比鳩魯警告他的弟子美諾寇，要提防白費心力、無用且不可能實現的欲望。據他之見，想要成為不死之身是一個不可能成真的欲望，只會害我們不幸。長生不死的欲望一直都透過虛構故事以及盡可能讓人延年益壽的科學研究，與人類如影隨形。今天超人類主義者（transhumanism）是這個新欲望最好的體現，因為他們想要超越人類，希望藉由新科技將人類的能力「提高」到「讓死亡安樂死」。所以大多數的超人類主義者夢想著，有朝一日可以「終結」死亡。但要是永生不死，我們會變成什麼樣子呢？生命無盡無休，看不到盡頭，我們像是被「判了刑」，從此過著沒有緩急之分、沒有特殊必要、沒有任何風險需要冒的生活，有點像是電影《今天暫時停止》（Groundhog Day）那樣。

德國詩人歌德有一句令人訝異的名句：「死亡並改變。」我們必須死才能改變。人生中的任何抉擇，都可以是讓過去的我們死去，在其他地方重生的一種方式。順帶一提，當一個計劃無法達成或是戀情沒有結果的時候，我們口語上中會說「完了」，這裡的完結不是終點，而是重新開始的可能性，也就是改變的可能性。

哲學動動腦

6

8-12 歲

為什麼想要長生不死？

閱讀以下的實驗，接著請問以下問題

》「閉上眼睛，現在想像一下：一個精靈來到地球上，打算找點樂子，他決定用魔法讓每個人長生不死。他擦響手指頭，催動了魔法，現在沒有人會死了，甚至不會老。每個人都可以活到永恆：你、你的朋友、父母還有全世界的人。」

　試著想像這個情況，說出你想像的一切。為什麼長生不死會很棒？
還是反而會產生問題呢？
現在來動動腦筋：我們會不會無聊？為什麼？
你想要永遠當個孩子嗎？不能成為大人？為什麼？

➡ 和孩子討論的時候，讓他無拘無束的反應。一起尋找這個實驗的
正反論點。

周行而不殆

　　觀察大自然與天空的時候，我們很容易就注意到「終而復始，循環不息」的現象。太陽每天都會升起，每年四季也會相繼而來。生物誕生，然後死亡，接著再有其他生物誕生，然後也會死亡。中國哲學裡很常出現這種對時光及大自然周期的領會，特別是道教。道家始祖「老子」在《道德經》中闡述的道家思想，是一個無始無終，但是天下萬物生於有，有生於無的世界觀。「道」是超越生命「之前」與「之後」的對立，只想著神祕的永生。如果我們想按照老子的方法活著，我們能力所及的事只有一件，就是老子說的「掌握當下」。

　　這種只掌握當下的時間觀及生命觀，鼓勵我們在人生中納入死亡的想法。接受「對於朝榮暮落的事物要懂得放手」的觀念，就是一種「好好活過每一刻」的方法。

哲學動動腦

7

6-12 歲

問題

好好活著與好好死去

閱讀並請問以下問題

某些蝴蝶只能活一天，某些樹可以活上百年，我們甚至說星星「誕生」然後「殞落」，你可以描述一隻只能活一天的蝴蝶所能擁有的最美麗的人生，是什麼樣子嗎？樹木的呢？至於你，在你的一生中，要盡可能享受人生，你會怎麼做？

「好好活著」是什麼意思？

我們不像超級英雄那樣是不死之身，我們是凡人。《哈利波特》的作者羅琳說：「死亡畢竟又是另一場大冒險而已。」這句話是什麼意思？為什麼把死亡想著一場冒險可以幫助我們？

➡ 這裡你們可以拿死亡與誕生「之前」做比較：我們什麼都不記得。我們出生的時候會哭，或許是因為害怕這個「新世界」。然而來到這世界，我們就是在體驗一場歷險，一趟旅行。如果死亡是另一場歷險呢？另一趟旅行？我們不得而知，但是我們可以想像，別讓死亡那麼戲劇性。

結論

希臘文裡有一個字kaïros，意指「及時」，它意味著及時行動。如果我們把握kaïros這個好時機，我們就會成就自己，因為我們甘冒當下的風險。無論來到我們面前的，是幸或不幸，好運或厄運，都是一段幫助我們在生命中前進的時光。時光的倏忽而逝，提醒我們機會都要「把握」，這些時光不會再原封不動的回來，而且要活得「刻不容緩」。

當然，死亡的不可逆性令我們害怕、擔憂，有時讓我們膽戰。某些人命途坎坷，有些人死得淒慘，我們在生命面前遠遠不平等，因為「活得精采」是一個特權，這也取決於政治、社會和成長環境。

詩人里爾克[29]說生與死是「兩個王國」，他在一首詩中建議我們超越這個對立。有生也有死，互相滲透，偶爾互相碰撞。但重要的是，我們有活著的機會，還能像尼采那樣，對現在及未來大聲說「好」。

29. 里爾克（Rainer Maria Rilke, 1875-1926）生於布拉格，是德語詩歌的先驅。

製作大自然的禪繞畫

請見「哲學動動腦7」
所需時間：45分-1小時30分

生命的禪繞畫

我們要創作一個圓形的大自然禪繞畫，代表生命周期與輪迴。孩子可以跟著自己的直覺去自由創作、去實驗，讓孩子認識自己的創作潛力。在大自然當中創作，鼓勵孩子對生命有完整的意識，並與自己的情緒及大自然連結。這個大自然創作的短暫，促使孩子認識周期及變化，理解生物的朝榮夕滅。

材料

· 紙、花朵、花瓣、小圓石、枝葉、莓
  果、樹枝、浮木、草、青苔、松果、大
  海打磨的玻璃、小石子、羽毛、貝殼，
  或其他在森林或公園裡，溪流旁或甚至
  沙灘上找到、不同形狀和尺寸的大自然
  素材

· 沙地、地面或草地上表面平坦的地點

步驟

訣竅

- 你們可以在院子裡、沙灘上、公園或森林裡散步並創作
- 要記得帶籃子或帆布袋來收集素材
- 要尊重環境，優先選擇已經在地上的素材。記住，只拿數量較多的東西，而且只拿其中一點點
- 你們甚至可以使用家裡已經有的舊花束
- 記得穿休閒服裝，方便在大自然中移動和散步

1 一開始你們要帶孩子出門散步。花時間留意素材的形狀和顏色，尋找並撿拾你們因其形狀、顏色或甚至氣味而喜愛，但尺寸不同的材料。每種素材大約拿四至八個，但也要找比較特別、獨一無二的素材。

2 找一個表面平坦均勻的安靜地點，像是草地、沙地等。像畫家那樣避開人來人往的地方，挑個沒有風的空間，因為這個地方就是你們的畫布。把所有素材放在地上，以類型、尺寸、形狀、顏色等等來分類。這是一個完美的機會，花時間細看每一樣東西，想想稍早之前的散步，聊一聊你們找到每樣東西的地點。

3 孩子先挑一個他覺得特別或漂亮的素材，把它放在中央。然後你們也可以放好幾個同顏色的素材，例如花瓣，做成一個圍繞著中心的小圓圈。這裡就是你們的中心點，大自然的禪繞畫就從這裡開始。

4 接下來選擇另一個素材，圍繞著中心點創作第二排。鼓勵孩子選擇不同尺寸、質地或顏色的素材。你們不用一定要做成密閉的圓形，每個素材之間可以留有空隙，只要擺放對稱即可。

5

從剛剛做好的一排開始，再添加一些素材，依然是由內向外擺放。你們可以創造一個圓形圖案，或是向外放射的圖案。

繼續在你們的藝術作品上加入素材，層層向外擴張。只要從心所欲，沉穩進行，大自然的禪繞畫就會慢慢浮現，逐漸成形。花時間思考，嘗試每個素材的位置，如果有必要，可以重新調整或改變位置。

 繼續擺放素材，直到孩子滿意他自己的創作為止。

 你們的作品會留在那裡，融入大自然，暴露在風吹雨打中，逐漸消損。如果你們想要，也可以拍一張照片，記住它原本的模樣。

兒童哲學好好玩

7

宇宙與無限

觀察天空是一種逃離嗎？

天空的詩

哲學

是什麼？我們在這個章節中要著眼於全宇宙。謙虛地說，我們要試著定義宇宙或太空是什麼意思，並思考觀察天空可以教會我們什麼事。

怎麼做？我們要檢視「逃離」的觀念：當我們看著天空時，像是跟著升空，離開地球一會兒。但是我們在逃避什麼？想著天空，探索天體，我們離開塵世間的俗事片刻，然後思索。我們會檢視其中的一些問題，以及讓我們「離開」地球的理由。我們會提到不同類型的逃離：經由神話、哲學、科學，然後是夢和虛構。

為什麼？孩子很早就會詢問世界、星星、太陽……等等的起源。請他們一起想想太空，也就是請他們思考人類在宇宙裡的位置。本章「為天空辯護」，邀請你們和孩子看著天空，藉由科學發現及哲學思考，從這個世界出走、遠遊。

目標 思索我們居住的地方。區分神話故事（詮釋我們的世界）和科學手段（目的是證明、示範）。喚醒孩子天生的好奇心，針對世界並延伸到我們居住的宇宙，展開與大人間滔滔不盡的對話。

創作

做什麼？我們要運用「密鋪」（tessellation）的技巧，來完成一幅可以無限鑲嵌的馬賽克。將裁下來一模一樣的幾何圖形，規律分配於表面，既不重疊，也不留空隙。偉大的版畫藝術家莫里茨‧柯尼利斯‧艾雪[30]在重複圖案上大量探索這個方法的可能性，我們經常可以在他精心創造的美妙景色中，看出鳥類、魚類或其他生物的圖案。眾多領域都會用到鋪砌或是幾何構造，像是美術、建築和裝飾。

怎麼做？先製作一個小型的正方形紙板，接著剪出形狀，然後多次改變形狀的方向，做出重複的圖案。這些嵌片會像拼圖那樣，完美鑲嵌在一起。接著孩子可以著色或是隨自己的喜好做加工。

為什麼？在製作、重複圖案的過程中，孩子可以認識到，我們在大自然中遍地可見的重複性及秩序。他將會對自己在生活環境中發現的形狀及完美的幾何結構更敏銳。他會瞭解一切事物都可以組成一個無限的整體。

目標 重複圖案的創造，是一個認識絕對與無限的美好方式。有別於自由創作成自己想要的圖畫藝術，製作馬賽克的目標，是要維持一個和諧的秩序。

---

30. 莫里茨‧柯尼利斯‧艾雪（Maurits Cornelis Escher, 1898-1972）是荷蘭藝術家，被喻為二十世紀最偉大的平面藝術大師。

戶外的哲學動動腦

（30分鐘－1小時，可以多次進行）

　　這回我們建議你們晚上出去散散步，找清朗的一天或冬日（但要穿暖和一點），出門觀測夜空。花些時間看看星星、月亮，並且描述眼前的景象。你們可以討論本章提供的一個哲學問題，或是只和孩子談談天空給你們的印象。

　　如果你們住在城裡無法看見星星，那就觀賞一部天空和宇宙的紀錄片，或是去天文館。但是我們不論在什麼狀況下都看得見月亮，即使在城市裡，而且它同樣美得引人凝視。

　　本章的創作活動著重無限的問題。利用這段看天空的時間和孩子一起思考：如果宇宙是無限的，它會是什麼形狀？為什麼廣闊的天空給我們太空無垠的感覺？盡可能提出問題，看看觀測天空最遠會帶你們到哪裡去。

前言

　　宇宙（Cosmos或是Universe）可以被理解為「一切」：**它就是全部**，是一個集合了我們身邊一切與所有物質的總體，它涵蓋了我們所能感知到與無法察覺的一切。宇宙本質的辯論可以上溯至數千年前，因此我們可以合理的想著：人類是一邊想著人間、天空和星球都是「這個世界」的一部分，一邊進步的。因為現代科學突飛猛進，今天的我們知道，天空和宇宙是有區別的，宇宙是「一切」，它均勻，既沒有中心、界線，也沒有「邊」。要思考宇宙不是易事，因為它就是全部，無所不包。

　　宇宙是個封閉空間抑或無限？它有形狀嗎？它的起源是什麼？宇宙形成之前有什麼？它的目的是什麼？這就是太空人和科學家企圖回答的幾個問題。宇宙之所以那麼難以思考和想像，是因為我們無法「一覽無餘」，也無法完整理解它。我們從來沒有經驗過某個像宇宙一樣浩森的東西，而且我們的知識有限。詩人梵樂希[31]說：「沒有觀點能夠表示它，沒有意義能夠說明它。」

　　觀察星星的時候，誰不曾感受到這種如此獨特的暈眩感？我們可以在一個清朗的夜裡，觀賞頭頂上那個神祕的景觀：我們看見數千顆星星閃爍，偶有幾顆流星劃過夜空，消失無蹤，令我們讚嘆不已。比較罕見的是彗星，這種冰凍的彗核拖著長長的尾巴，瓦解在我們眼前。一年之中有整整五個月，我們可以看見金星（牧羊人之星）閃爍，這顆星星會在太陽西下的時候出現，而且比除了我們較為熟悉、天天都會打照面、決定地球生物作息的太陽和月亮之外的其他任何星體還要明亮。除了我們可以用肉眼觀察到的星星和星球之外，還有銀河（形成銀河系），這條白色的鏈狀物最早從希臘神話起，就與海克力斯在天空潑灑牛奶的形象綁在一起。僅是銀河就含有大約兩千億個星星，而更讓人暈眩的揣測是已知的宇宙（我們能夠觀察到的部分）含有一千至兩千億個……銀河系！套一句巴斯卡的話，觀測天空，等於是面

---

31. 梵樂希（Paul Valéry, 1871-1945）是法國作家、詩人、哲學家，也是法蘭西學院院士。

對「無邊無際的太空」。我們跟這些問題鬥智，答案卻寥寥無幾。抬頭看著星星，我們自問：面對無限，我們是誰？宇宙中只有我們嗎？宇宙中有無數的星星和星球嗎？

不論我們有朝一日是不是能回答這些問題，我們總是可以觀察天空，進行思考，暫且忘卻我們在地球上的生活、俗事以及人生中的全套插曲、幸或不幸、好運或厄運。觀察天空和認識宇宙都是逃離嗎？當我們想著「無邊無際的太空」，在逃避什麼？

1 觀察天空，起源的故事

我們注意到隨著時間推移與文明更迭，凝視蒼穹一直都搭配著多少有些奇幻的敘事及故事。不同時期，各地都有人類在凝視天空，巴比倫人、埃及人、希臘人、馬雅人、中國人，希冀從中獲取意義（秩序）來**解釋**世界。李維史陀說神話都「企圖透過太古之初發生過的事，建立萬物為何會那樣的道理」。神話與時間密切相關，它們不只解釋發生在遙遠過去的事，也解釋所有當下在我們眼前的事。因此神明的不凡經歷與愛恨情仇，解釋了地球上的生態與所有自然現象：地震、火山爆發、暴風雨、雨、甚至泡沫……。

天空反映出人類的想像

神話不是歷史敘事，並不詳實細述一件過去的事件，也未傳喚證人，將目睹或耳聞過的內容描述出來。此外，我們也不要求敘事者（像我們盤問證人的那樣）發誓內容屬實。然而神話也不是單純的虛構文學，它的作用不在娛樂，也不是要感動讀者的肺腑，神話的特色就是企圖要解釋某件事，試圖要透過畫面和隱喻來說明事實與原因。神話故事立足於事實；它來自「最古

邈的時代」，這就是為什麼一個文化最原始的身分就暗藏其中。因為神話有個架構完善的世界觀：神話中的每個元素有其功能，就像建築物的每一個部分支撐起整體。

對於宇宙，人類有各式各樣的想像，今天的我們注意到各種因文化而異的敘事。所有文化的天空都有神明干預，而且開篇就想像天空住滿神明、動物或混種生物。所以人類最初藉由神話，是為了逃離人類天生的孤獨、面對大自然力量時的無能為力，和一種當我們納悶「我們在這裡做什麼」時的荒謬感受。

哲學動動腦　**1**　靈感來自希臘神話。

6 - 12 歲

故事

阿格萊雅和蓋亞，地球的誕生

從前有個名為阿格萊雅的小女孩住在希臘。她很喜歡聽故事。阿格萊雅最關心的事，莫過於地球如何誕生。她不斷問媽媽埃洛蒂和爸爸斯庇若斯這個問題：「地球從哪裡來的？」有時候她半夜醒來，納悶著：「為什麼大地上方有天空？」於是埃洛蒂告訴她一個非常古老的故事，數千年前的希臘人老早就在說這個故事了。

「在大地、天空、太陽和星星出現之前，什麼都沒有，只有空無，這個空無叫做卡俄斯[32]。卡俄斯百般無聊，心想：

——如果我有事情可以做就好了！沒事做，我無聊得要命。這

地方的生活平淡無奇，也沒有人跟我說話。

卡俄斯悲傷到流下眼淚⋯⋯淚水落在空無中。有一天，就像是魔法催動似的，像經由播種、澆灌後萌發的植物一樣，大地蓋亞就這麼出現了。

此後宇宙中有空無卡俄斯和大地蓋亞，相看兩不厭。卡俄斯很高興終於有人陪他了，他很喜歡看著蓋亞，有森林、山、所有從大地生長出來的東西。他們倆安定的生活在一起，這時又憑空冒出了愛羅斯[33]。愛羅斯生性多情，他喜愛一切，也喜愛每個人。他親吻蓋亞，逢迎著說：

──妳好有才華啊，蓋亞，妳真是個藝術家。妳應該創造樹木和山以外的其他東西。

蓋亞想了想，決定創造一片廣闊的天空，將之命名烏拉諾斯[34]。接著，她覺得天空太暗了，便加上一些星星，讓天空看起來美觀一點。最後蓋亞覺得自己渾身充滿了創作欲，決定再造一個新元素，而且要比其他的還完美。她只要用心想就能創造。她想像的物質不像地面、陸地或岩石那麼堅硬。她要的東西非常不一樣，某種又柔又軟但不似空氣那樣輕盈。她一早醒來，在山旁畫了一個洞，接著想如果這個洞裡有點藍色的東西一定很好看，於是水的想法來到她的腦中：

──我要創造水。

──對，一定要加這個。

卡俄斯沒有錯過任何細節，這時鼓起掌來，開心的跳來跳去：

32. 卡俄斯（Khaos）又稱為混沌、渾沌神，是希臘神話中世界的起源。
33. 愛羅斯（Éros）是希臘神話中的愛神。
34. 烏拉諾斯（Uranus）是希臘神話中的天空之神。

我每天早上都可以在湖或河裡看見我的倒影了！蓋亞，妳實在太了不起了！

愛羅斯繼續喜愛蓋亞創造的一切，蝴蝶、雛菊、瓢蟲……。而卡俄斯喜愛他的新朋友。」

阿格萊雅不敢相信自己的耳朵：大地蓋亞的出現像變魔術？是蓋亞創造了天空和星星？

她問埃洛蒂：「然後呢，我們是怎麼來的呢？來到大地蓋亞這裡？」

天色已晚，埃洛蒂答應會再跟她講蓋亞和朋友接下來的故事。

「在人類出現之前，蓋亞已經創造了很多其他生物，像是泰坦族、獨眼巨人和其他奇怪的生物。但是要聽那些故事，精神首先要充沛，得好好休息，因為蓋亞的誕生只是一個非常、非常長的故事開始而已。」

阿格萊雅閉上眼睛，想像這些泰坦族和其他巨人會是什麼樣子。她帶著另一個問題入睡：「我們人類從哪裡來的？」

讀這個故事給孩子聽，討論並請問以下問題

根據這篇神話，蓋亞是從哪裡來的？宇宙形成之初有什麼？

為什麼愛羅斯說蓋亞很有才華，是個藝術家呢？

如果卡俄斯繼續孤單下去，接下來會發生什麼事呢？

埃洛蒂說這個故事給阿格萊雅聽，試圖要跟阿格萊雅解釋什麼事？

為什麼我們聽故事的時候，我們在「旅行」？

科學及哲學的冒險

　　無論是《伊里亞德》和《奧德賽》裡的希臘諸神，或是印加神祇甚至埃及神明，神話故事都強推神明才是世界中心的觀念，哪裡有生命，那裡就有神明。神明也影響天空，所有天體的運行，例如月食和日食，就是神明發怒或情感波動的後果。神話世界觀的威力強到足以結合人類社會；每種文化的神話都有自己對觀察到的大自然現象的詮釋。在那種情況下，想要提出任何合理的解釋都得先拋開無論什麼信仰，重新思考世界。

　　宇宙（在希臘文中，cosmos意指「世界」，也是「秩序」）最古老的典型來自觀察，以及對地球最「明顯」的直覺，我們想像它形狀平坦，有開闊的天空覆蓋，住著透過星星傳達旨意的神明。

　　真正的「觀念躍變」在安那克西曼德[35]（距今七個世紀之前）的時代發生，他是最早的地理學家、生物學家和希臘智者之一。他認定地球「漂浮」在虛空中。他觀察太陽東升西落的弧度，率先正視一個更根本的直覺：地球下方應該會有空間，這樣天體才能消失並重新現蹤。儘管他的觀察心得很簡單，這個觀念在當時卻很難獲得支持；地球怎麼能「撐」在半空中，而不掉下去呢？早在畢達哥拉斯宣揚地球是球體之前，安那克西曼德已經運用一種科學的新方法，開始觀察大自然和天空。他先是懷疑一些有關大自然現象的共識，這些信念的基礎都是來自宗教信仰。我們很難想像安那克西曼德和非常久以後的伽利略需要多大膽，才敢捍衛各方面與教會對立的科學理論，即便這些理論有違我們的感覺與直覺。就舉地球自轉

---

35. 安那克西曼德（Anaximander, 600 B.C.）是希臘哲學家，研究涵蓋哲學、天文學、地理學、生物學、物理及幾何學。

為例，我們「感覺不到」我們的星球在轉動：這種概念異於我們的觀察，就像我們原先直覺自己踩在「固定不動」的地球上。

從神話到科學和哲學的過程有什麼特點？科學的「冒險之旅」是如何開始的？首先是透過求知欲。這已經無關信仰或是將一則故事（或敘事）當真，而是懷疑信仰，以便建立確鑿的知識。要說服他人，不再必須求助想像或詩文，而是實證與憑據。

哲學動動腦 2 8-12 歲

故事

地球的形狀與
安那克西曼德的懷疑

很久以前（兩千多年前）有個名為安那克西曼德的智者，他很想瞭解地球的形狀。他聽夠別人那些沒根據的話，他想要有自己對世界的明確見解。安那克西曼德想要知道真相：地球真的像人們說的那樣平坦如煎餅嗎？安那克西曼德這輩子都在聽人說地球跟圓盤一樣扁平，然而他壓根不相信；他坐在一座面對大海的岩石上，觀察遠方的船隻，納悶著：「那些船不可能開到遠方就落入虛空中，畢竟它們正確無誤且安然抵達港口了！可是它們在遠方變得很小，消失無蹤的時候，它們到哪裡去了？」

這時他靈光一閃：「如果那些船沒有掉下去，只是因為它們繼續航駛，消失在我們的眼界罷了。地球一定是有一點圓，有點傾斜，像個球體或某種球，那些船沒有掉下去，只是往下走！」安那克西曼德把這個想法告訴朋友。

朋友都譏嘲他：「地球？圓的？怎麼不說是正方形呢，安那克西曼德？」朋友們回應他的時候都在訕笑。安那克西曼德想要說服朋友，但是他要有證據才行，因為沒人能體會地球是圓的，只能這麼假設。安那克西曼德捲起袖子：「有必要的話，我會用盡一生證明給他們看，地球不是像煎餅那樣扁平。」

請問以下問題

什麼樣的人會被看做智者？為什麼安那克西曼德不願意相信別人說的話？

為什麼安那克西曼德的朋友無法接受地球是圓的？

為什麼地球跟煎餅一樣平坦的想法比較容易被接受？

為什麼對科學家來說，觀察大自然和天空很重要？

什麼是證據？為什麼安那克西曼德要尋找地球是圓的證據？

相信與知道之間有什麼不同？

幼童區　6-7歲

觀賞影片《賽巴星人：地球是圓的》（Les Sépas : La terre est ronde）。
山姆和霍克納悶人類怎麼能相信地球是圓的。

請問以下問題

根據山姆的看法，為什麼人類不知道地球是圓的？

要瞭解地球是圓的，人類怎麼做？誰是米利都的安那克西曼德？

如果某個人信誓旦旦跟你說地球像煎餅，你會相信嗎？為什麼？

2 逃離人類思想的界線

「逃離」（拉丁文是evadere）這個動詞的第一個涵義是「離開某處」。換句話說，在理解「逃離」是逃開某樣東西（例如囚犯逃獄）之前，我們可以先理解逃離是前往他處，想要去我們熟悉的地方以外的地方。逃離可以只是離開家門，但我們也可以經由思想、想像來逃離，放任思緒到處漂流（作夢）。對於宇宙本質最大的那些疑問，不就是來自逃離嗎？我們現在有了無限的概念。又例如黑洞的發現，難道沒有逃離已知、人類境況的絕佳方法嗎？

無限的奧祕

　　無限是令人生畏的概念，但是我們對此並非毫無感覺。孩子開始學習數數之後，很快就會問某個數字「之後」是什麼，對他們來說，想到數字無限連續就讓人暈頭轉向，但他們是對的。

　　當我們想著時空，也會遭遇到無限的問題：「無限小」或「無限大」，還有不斷流逝的光陰。然而，無限是一個讓物理學家及天文物理學家仍舊意見分歧的問題。

　　說到這裡，米利都的安那克西曼德又是最早拋出無限這個想法的人。儘管安那克西曼德身後沒有留下隻字片語，我們透過其他哲學家知道他肯定「無限」是萬物的本源（或起始）。我們必須明白無限是「沒有界限，我們無法想像（跟神話相反）」。無限是不定的，無法度量也沒有數值：不高也不低，不大也不小，沒有比較好，也沒有比較差。因此安那克西曼達的意思是：無限乃支配世界與萬物的法則，不識「意義」或「秩序」為何物。

　　很久之後，文藝復興時代的哲學家布魯諾[36]重拾這個概念，他早在伽利略之前就肯定地球不在宇宙中心，因為宇宙沒有中心，宇宙是無限的。這些大膽甚至革命性的想法抵觸一個斷言「世界是封閉、有序」的傳統（安那克西曼德當時的希臘）；這個傳統衍生出來的人類中心宇宙觀，都讓哥白尼、布魯諾以及最後的伽利略拆解了。

---

36. 布魯諾（Giordano Bruno, 1548-1600）是文藝復興時期的義大利哲學家、數學家、多明我會修士，因為支持日心說與其他觸犯天主教核心教條的思想，被教會控為異端，處以火刑。

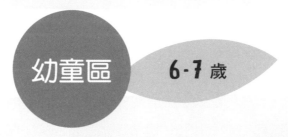

哲學動動腦 **3**

這個活動與本章的創意動動手有關。

8-12 歲

問題

想著無限

請問以下問題並討論

有最後一個數字嗎？為什麼我們說「你就數到地老天荒[37]」？

我們可以說無限是沒有盡頭的東西嗎？為什麼？

「我永遠愛你」是什麼意思？還有「感激不盡」呢？

為什麼看著夜空，我們會想到無限？

我們人類是永恆不朽的嗎？

幼童區 **6-7** 歲

?! **須知：**儘管都是難解的問題，年幼的孩子已經有無限的概念了，尤其是情緒方面。在孩子的感知中，無限是廣闊的意思，即大小。

請問以下問題並討論

什麼是無限？當我們說自己快樂到無止境的時候，這是什麼意思？

當我們告訴某個人非常愛他，對他的愛無限多，是什麼意思呢？

我們人類都永恆不朽嗎？為什麼？

我們看著星星的時候，為什麼覺得自己很渺小？

認識今天的宇宙

「宇宙只存在於紙上。」梵樂希寫道。我們無法從宇宙中掙脫出來凝視它，因為它就是一切。我們和梵樂希一樣，認為我們所知曉的宇宙只是人類思想的結果，而且這些知識還證明不了它的真相分毫。然而最近這幾十年——確切說來是最近這幾年，物理學與天文學的發現日積月累，尤其是多虧天文觀測工具的長足進展，像是望遠鏡、顯微鏡、粒子加速器等等。

但是仍然有無數疑問、重重難關，我們依舊不知道宇宙有限還是無限，只有一個還是好幾個（多重宇宙論），形狀扁平或呈圓柱體……多虧哈柏（Hubble）的太空望遠鏡，我們目前知道宇宙出現在一百三十七億年前的大爆炸之後。至於宇宙的形狀仍是一整個謎團，什麼都還沒有得到證明。

儘管如此，最近的天文物理研究成果有利於宇宙有限的論點：宇宙是一個十二面體（正是足球的形狀）。支持這個理論的天文物理學家尚-皮耶‧盧米內補充說，這個球形十分獨特，它沒有「邊」：「當我們來到一個五邊形的壁面，我們會從相對的壁面又回到球裡面來。這是個有限空間，只是沒有邊，也沒有界線，所以我們可以在宇宙中無限來回。」

37. 永遠等下去的意思。

黑洞

一九一五年，愛因斯坦發現廣義相對論，對現實與時空的本質有了全新的理解。這個理論證明一些體積龐大的物體，像是星體，有時候會因為自己的重力影響而「崩塌」。黑洞質量是太陽質量好幾倍，直到數百萬或數十億的太陽質量……這個崩塌形成一個黑洞，黑洞的重力場（引力）極其強大，沒有什麼能逃脫，也沒有什麼回得來；物質不能，光不能，「沉入其中」的星體也不能。黑洞不僅僅是宇宙中的一個點，而且受到我們口中的「事件視界」（event horizon）限制，如果我們穿越這個隱形的界線，就絕無回頭的可能。黑洞被視為宇宙最引人入勝又最令人不安、最神祕不可測之物，對科學家來說，黑洞艱澀難解，因為要觀測它們何其困難。

關於黑洞的理論相當多，構成一個卓越的思想實驗（thought experiment），黑洞可以隱藏形成中的宇宙，而且霍金認為這些黑洞甚至是可以通往其他宇宙的「門」。這個支持宇宙不只一個，而是無數個的理論，雖然爭議很大，但是說得通。

針對宇宙起源、其形狀及它包含的一切的科學研究，近似一場探險，我們既探索時空和物質，又探索人類思想的極限。試圖理解宇宙還有它包含的一切——從體積最大的星球到黑洞，一直到基本粒子——或許是最激進、最令人暈眩的一場逃離；思考宇宙是徜徉未知裡的我們所能到達最遙遠的地方了。

故事

如果宇宙可以說話

　　我們對宇宙所知甚少，但是科學家孜孜不倦，為的是發掘宇宙的真相，因為對他們來說，要回答下面這個問題也難若登天：「什麼是宇宙？」多虧我們已經知曉的部分，我們想像宇宙可能會對我們說的話：

　　「我廣闊無垠！超過你的想像！人類住在一顆小沙粒上，他們稱呼這顆小沙粒為『地球』。我承認地球上的一切都獨一無二，而且是一顆看起來滿順眼的星球，繽紛多彩，有形形色色的物種……

　　「地球很適合居住，多虧了水和不遠處的太陽，孕育著生命。但是我這個宇宙有時候記不太起來我的每顆星球和星星上面有什麼，因為我體內住著數十億顆星星，甚至更多。全地球沙灘的小沙粒加起來，也沒有我的星星多呢！是的，而且每一顆都絕無僅有。

　　「因為我很喜歡看物體移動，我就讓每顆星球轉動。人類長久以來以為地球很輕，漂浮在半空中。哈哈，太有趣了！星球既不漂浮，也不輕，而是繞著比它們更重、吸引著它們的天體運行。地球上的人類繞著太陽運轉，就跟太陽系裡的其他星球一樣，因為太陽更大也更重。

「我壯闊無邊，在這浩瀚中，有些星體誕生，隨後殞滅，接著又誕生了其他星體……如此等等。有時候，有些星體龐大無比（比太陽還大），自己就崩塌了，創造了一些「洞」。這些「黑色的」洞會吸走一切：光，甚至是附近的星星。

「黑洞裡面的東西是我的祕密，但是人類很好奇，想知道我在黑洞裡為他們準備了什麼。

「我年紀很大囉，一百三十七億歲，但我還沒準備要死哪。我不太喜歡說自己是什麼樣子，也不喜歡說自己從哪裡來，但是你們人類有個想法，只要抬起頭，看著廣闊黑幕中的星星閃爍，以為這一切都是我。但你們看到的只是大概而已，因為我可以容納人類無法用肉眼看見、無窮無盡的寶物和驚喜。這就是為什麼他們要發明望遠鏡，因為想要看看我還能變出什麼花樣。此外，我非常以我的星雲、超新星、脈衝星為傲……有點像是我專屬的煙火。

「人類想要探索我、瞭解我，他們還只是起頭而已，但這已經相當了不起了，任何豐功偉業都需要時間。」

請問以下問題並討論

如果你可以問宇宙幾個問題，你會問什麼？

你想知道有關宇宙、星球或時間的什麼問題？

➡ 記下孩子們的問題，一起尋找答案。本章後面的參考書目中，有可供協助的資源建議。

哲學動動腦

5

8 - 12 歲

名言

「科學家孜孜矻矻，成果日新月異，我們持續習得新知。我們必須將科學家視為去島上、陸地、南極或澳洲的探險家，但是探險家無法超越某個點。同理，我們探索的是時間的領域，只是目前我們無法突破某一個點。」

——于貝爾・雷弗[38]

閱讀並借助以下問題討論雷弗的名言

為什麼像雷弗這樣終其一生都在研究宇宙和星星的科學家，
會說科學家有點像探險家？

「探索」是什麼意思？我們會探索已知的事物嗎？
還是探索未知的事物？

為什麼我們無法在宇宙中四處來去？

》給年紀較大的孩子：當雷弗說「我們（天文學家）探索時間的領域」時，他是什麼意思？

---

38. 于貝爾・雷弗（Hubert Reeves, 1932- ）生於蒙特利爾，是魁北克天文物理學家。

3 探索太空、夢想上太空：
從世界出走

　　探索太空跟夢想之間只有一步之遙，如果世界起源的神話與關於太空和夢的科學理論之間有一個共通點，無疑是追尋一個能讓我們脫離（一時半刻）人類境況的他處。但是想要通過天空，從世界出走有什麼風險嗎？

探索太空，逃離這個世界

　　旅行與體驗冒險的方式有無數種，太空探險無疑是最雄心勃勃、也最需要技術的冒險，因為它必須要有大量的金錢和知識，還有一群受過訓練，即使身心都不適合這種經驗也準備好要體驗太空之旅的人。

　　可是人類為什麼要探索太空？為了「逃離這個世界」。哲學家漢娜‧鄂蘭回答，她認為人類渴望征服太空，是因為「想要逃脫地球的枷鎖」。按照鄂蘭的想法，探索類似遁逃；我們不想住在這個世界（地球）上，反而夢想要探索其他世界。於是乎我們為了擺脫自己的本質與侷限在地球上的人類境況，才渴望上太空探險。的確，有比擺脫地球重力更大規模的逃離嗎？

　　有時候我們會夢想著飛翔，俯瞰景色的時候會感覺輕盈自由。夢中的自由感覺很舒服，因為再也沒有什麼將我們拘絆在地球上，而且少了屬於這片或那塊土地的笨重感。

　　太空探險就像夢，因為我們認為它跟離開陸地自由自在的感覺類似，然而鄂蘭的觀點讓我們想著一件事，太空探險就是否認我們自己的本質，而我們不應該忘記將自己所在的世界擺在第一順位。

問題

從世界出走

請問以下問題

我們人類被囚禁在地球上嗎？

我們可以飛走嗎？我們可以到另一顆星球上嗎？

為什麼人類想要逃離地球呢？

如果你可以上太空，你願意嗎？為什麼？

為什麼我們夢想到太空探險？

為什麼人類上太空是違反自然的事？

另一種時間觀

關於時間，天體物理學家雷弗（Hubert Reeves）這麼說：「宇宙的時間是宇宙孕育的時期，每一秒都在醞釀什麼。」衡量宇宙的年紀（一百三十七億年）時，我們也在測定人類的生命有如朝露，我們畏懼一個遠遠超越我們想像的時間規模。地球的形成可以上溯至大約四十五億年前；至於人類，不過是兩百萬年前才出現而已。

當我們想到自己沉浸在什麼樣的時間汪洋裡，我們對一個會「加速」、在現代社會及這個科技當道的環境裡，變得很緊湊的時間的感知，突然顯得很荒謬。愛因斯坦的相對論甚至駁斥時間的直線性和一成不變；據他之見，時間是幻象。愛因斯坦在一個著名的實驗裡，證明了移動車輛中的時鐘，比另一個靜止的時鐘「走得慢」（retardait）。愛因斯坦的相對論是重大的科學改革，告訴我們無法將時間與空間分開構思，而且物質的質量會按照節奏膨脹。這讓雷弗說：「在谷底，時間過得比在山頂還慢，靠近黑洞的地方時間會靜止。」

我們在日常生活中也感覺到人類時間的相對性，因為我們有時候覺得時間「很漫長」，而有些時候快得像「閃電」一樣。

我們觀察星星的時候會心生恐懼，像巴斯卡寫的「無垠太空的永恆寂靜教我恐懼。」剎那間，我們注意到自己只是遼闊無涯的時空中無足輕重的一點。然而無邊無際的天空及太空似乎在提醒我們回到當下，回到我們此時此地的本質。佛教中的禪修就像其他古代智慧和哲學，將當下與和諧及行動的時光連結在一起，把過去與未來拋諸腦後。

夢境與詩中的天空

我們可以經由天空從這世界出走，也可以透過作夢。我們不都說夢想家足不著地嗎？夢想家放任思緒遊走、迷戀作夢的輕盈，星空或雲端就是他們的世界。

夢是自由的思緒，跟科學八竿子打不著，什麼也「解釋不了」，但是四處飄蕩（可回顧本書的第一章）。看著天空，想像力發動，在雲或星星（星座）中尋找熟悉的形狀，於是宇宙起源的種種奧祕

就任由虛構故事自由發揮，這就是為什麼天空或太空都成了科幻故事的地盤。

最後是天空和星體的壯美啟發了藝術家和詩人，我們只要想想梵谷的《星夜》，畫中那藍色調的幽暗天空烘托出輝亮的星光。

觀測天空既是凝視，也是在探索可能性；科幻作家想像其他世界和宇宙裡其他形式的生命，詩人從星體的美麗汲取靈感……在目眩神迷與拓展可能性之間，觀測天空讓我們跳脫已知與深信不疑的觀念。

詩人里爾克在〈夜空與落星〉就這麼說了，宇宙請我們自問：

「天空，橫無際涯，滿眼華麗的收藏，空間的充裕，世界的剩餘。

我們相離太遠，無法被造就，

我們相距太近，無法別開雙眼。

那兒有一顆星墜落！我們恨不得要看，愴惶的眼神移向它，急問：

哪些揭開序幕，哪些化為烏有？

哪些該受譴責？哪些受到寬宥？」

里爾克說我們凝望天空的時候總覺驚異，當流星劃過，又為之「震撼」。我們自問世界與生命的起源，我們也思考善惡、身為人類的未來。我們拉開距離，登高而望。

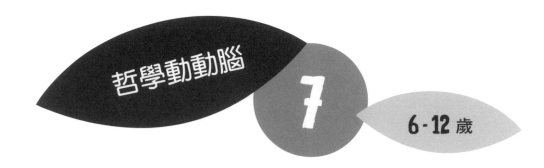

哲學動動腦 **7** 6-12歲

問題

無限與想像

閉上眼睛,想像你來到一顆新的星球上,上面住著奇怪的生物,請你口述並寫下你的故事吧!

請問以下問題

你在這顆星球上看見什麼?上面的住民長什麼樣子?

有像在地球一樣的動物和植物嗎?這顆星球有什麼不一樣?

盡情發揮你的想像力吧!

為什麼看著星空,我們會想像很多故事?

為什麼我們會想像外星人、綠色的傢伙或其他火星人?

當我們看著星星,美在哪裡?或是流星?

想像力跟宇宙一樣浩瀚無邊嗎?

結論

　　觀察星空的時候會意識到我們在某種浩大、廣闊的東西裡面，我們甚至有種無限之感，因為我們知道自己見到的只是它所包含的滄海一粟而已。我們無法想像宇宙的整體，而且當科學家提出一些關於它的形狀、大小等等的假設時，我們也只有一個模糊的想法。但是觀察天空，我們就會明白宇宙是一切的秩序。它就像里爾克說的「世界的剩餘」，是超越我們所能想像的。

　　觀察天空是第一種逃離地面的方法，因為它會讓我們的心智與想像渴望理解，並詮釋我們會在這個地方的理由。除了觀察，科學家得益於計算和越來越精良的科技工具，總是可以更進一步探索宇宙。作家創造一些世界，並想像太空中其他形式的生命。詩人和所有藝術家從夜晚和圍繞著它的神祕中汲取靈感。

　　因此**忘記**看星空，或是**無法觀察它**（這樣的情形越來越多，因為城裡的光害妨礙我們），就是放棄機會去問自己最令人興奮、最美妙的問題，也是剝奪掉一個提醒我們人類微不足道、有益身心的遣懷方式。

　　孩子最愛問天空的運作原理，他們納悶為什麼星星會閃爍，為什麼太陽升起然後就消失不見，我們是不是可以住到火星，宇宙中是不是還有其他生命？他們喜歡科學家的解釋，也喜歡科幻故事，只要跟他們說到天空，請他們抬起頭看看，他們就會興高采烈的欣賞這片奇觀。最後一點，逃離地球不一定意指遁逃，而是加倍懷著讚嘆的心情去感知它，因為地球是宇宙最瑰異的「產物」之一，而這樣子逃離地球可以提醒我們，只是有機會住在這裡，我們不是主人。

創意動動手

製作馬賽克
或是「密鋪」
請見「哲學動動腦3」
所需時間：1小時30分-2小時

無限的馬賽克

我們要用「密鋪」技巧製作一幅可以無限鑲嵌的馬賽克。

創作重複圖案的過程，讓孩子領悟到我們在大自然及生活環境中，隨處可見的重複性。

透過想像，創造馬賽克可以提供一個認識絕對與無限的美好方法。

我們想要藉由創作一幅圖像馬賽克，提倡自然宇宙之域，同時還能認識和諧悅目的整體。這個創作會刺激孩子的想像力，鍛鍊他們的耐性。

材料

- 1或2張A3白紙，最好是卡紙或是普通的紙
- A4卡紙或厚紙，顏色可自選
- A4白紙
- 鉛筆
- 色鉛筆或彩色筆，又或是顏料（可上色的畫材），顏色自選

- 黑筆
- 膠帶或紙膠帶
- 剪刀
- 尺

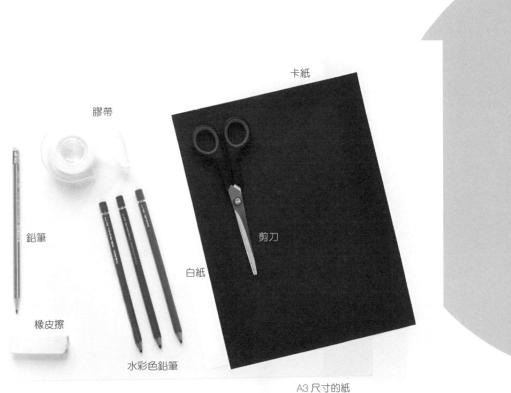

膠帶

卡紙

鉛筆

剪刀

白紙

橡皮擦

水彩色鉛筆

A3 尺寸的紙

訣竅

· 預防措施：一定要在正方形邊上確實的從一個角畫線條到另一個角上，
線條要簡單，方便孩子剪裁（步驟3）。

· 最好用A3尺寸的紙，甚至更大的紙來複製圖案，砌出一幅馬賽克，這樣
才好欣賞花紋。如果沒有大尺寸的紙，可以用膠帶將兩張A4紙黏起來。

· 如果是用膠帶黏合兩張A4紙，注意，不要讓膠帶超過紙張，之後才能正
確描畫。

· 若要畫出漂亮的花紋，可以先用鉛筆描摹畫畫看，測試你的形狀是否能
正常拼貼。

· 每次描畫形狀的時候不要留下空隙。

製作重複使用的嵌片

1

用A4卡紙製作2～4張8x8公分的正方形。這些正方形要用來試驗形狀，
之後可選用其中一個形狀來創作你們的馬賽克。

2

為正方形的四個邊以順時鐘的
方向標記1～4的數字。在每
一張正方形上重複這個動作。
圖片上使用色筆是為了方便辨
識，你們可以只用鉛筆。

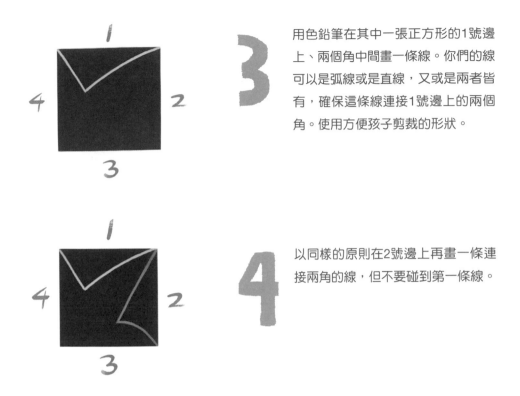

3 用色鉛筆在其中一張正方形的1號邊上、兩個角中間畫一條線。你們的線可以是弧線或是直線，又或是兩者皆有，確保這條線連接1號邊上的兩個角。使用方便孩子剪裁的形狀。

4 以同樣的原則在2號邊上再畫一條連接兩角的線，但不要碰到第一條線。

5 沿著第一條線剪下。把剪下來的紙片移到正下方（即3號邊）。接著翻轉這張紙片，長的兩邊要對齊。

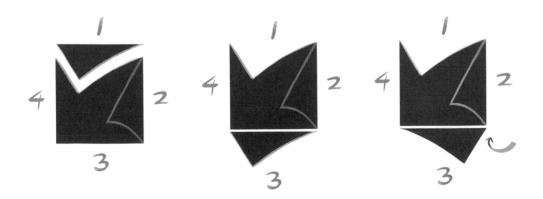

6 用膠帶把這兩部分對齊黏在一起。注意，膠帶不可有超過紙張的部分，因為你們會需要描邊。每當你們從紙上剪下一個形狀，接著翻轉它，這翻轉過來的形狀會是原本形狀的鏡像圖案，馬賽克上的嵌片就是這樣彼此完美鑲嵌。

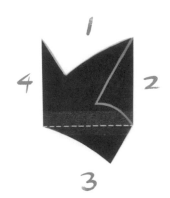

7 你們將要在2號邊上重複這個過程。沿著第二條線剪下，接著移到對面那邊去（即四號邊）。翻轉這張紙片，長的兩邊要對齊。

8 將這兩部分用膠帶黏起來，但不要超出紙張。在其中一面寫A，轉過來另一面寫B。這張紙片就是你的模型，要用來重複描邊，創造出花紋來。

9 讓孩子找到他最喜歡的形狀。重複第三到第八個步驟，再多做一、兩個或三個新的型紙。我們建議最少要有兩種形狀。

創造無限的馬賽克

現在我們要來製作馬賽克花紋了。剛剛我們用來製作型紙的方法，也可以用在創作花紋上，這些花紋是由型紙正反兩面反覆描邊得來。你們需要在每次描完邊後翻轉、移動紙片，讓重複形狀彼此鑲嵌，砌出花紋來。

10

首先要測試你們的形狀（或者型紙）行不行得通，選擇其中一種形狀，將之放在A4白紙上，A面朝上。用鉛筆仔細描邊。

11

接下來，翻過型紙到B面。就像拼圖一樣，移動紙片，直到找到能和已經畫好的形狀完美嵌合的地方，然後再描邊。

12

現在翻過紙片，讓A面朝上，然後描邊。繼續翻轉、移動紙片，繼續描邊，確定形狀彼此都能完美鑲嵌。

13

如果無法鑲嵌在一起，就拿其他形狀重試一次，或者回到步驟5，確認剪下來並黏貼起來的紙片都移動無誤，位置也正確。

14

如果你們的形狀跟期待的一樣行得通，可以直接來到下一個步驟。用鉛筆在A3紙上描出形狀，創作出漂亮的馬賽克花紋，一直描到佈滿整張紙。接下來用黑筆再描一遍。

15

完成步驟14後，你們可以開始裝飾。看看你創作的形狀，單獨的形狀讓你聯想到什麼嗎？試想它可以是什麼動物、想像生物、物品或人物的輪廓。

16 現在要來裝飾你們的作品，可單獨為每一個部分上色，或者以艾雪的作品為靈感，用二到三種顏色上色。

17 接下來在每一個嵌片上畫物品、動物或是生物，也可以修改自己的圖，讓每個形狀裡的圖案都不一樣，或是重複同樣的圖案。假使你們看到一隻鳥，就用黑筆或色筆畫出眼睛、喙、翅膀等等。

18 如果形狀看不出所以然也沒關係，我們的用意就是要讓你們發揮想像力，為馬賽克找出一個形狀來。

結語

　　我們終其一生都會提問，這些問題當中有些迎刃而解，其他則難若登天，因為它們觸及神祕難明的事物。這就是為什麼我們從來不曾「終止」思考愛、無限或是死亡，這都是我們汲取不盡的領域，而且繼續讓我們傷腦筋。我們可以透過哲學或藝術，輪番深思、思考，並且從圍繞在人類身邊的未知謎團中獲得啟發。所以，如果我們確切知道什麼是愛，如果我們看穿宇宙及地球生命的所有祕密，也許我們再也沒有需要想、需要說、需要創造的事了！因此哲學思考就是接受神祕難明的事物，就是利用「疑惑」這個「動力」去思考。此外，身為藝術家，「創造」就是懂得從這些神祕難明的事物中「發明」。

　　讓孩子花時間在一個哲學問題上動腦筋，是在提供他們一個機會，發展辨別每個字義的能力；他們會理解一個問題，只有在明白問題本身及問題的用字時，才能被討論和解決。哲學思考的時候，我們在對抗偏見和不問「為什麼」的道聽塗說；要求解釋、理由和例子的時候，孩子學會推理，循老路以外的途徑思考。在今天這個資訊爆炸和假消息充斥的世界裡，懂得解釋，要求解釋是最要緊的事。假消息和陰謀論在網路上流竄，孩子首當其衝。批判性思維是對抗這個災難的屏障，因為它讓人人保持自由，曉得辨識那些只是要「聳人聽聞」，只求吸睛而非說實話的資訊。

　　最後，思考與創作有某種樂趣，兩者的樂趣不同，但是彼此互補。動腦筋的時候，我們覺得自己在探險，哲學便是一種精神上的冒險。歡愉來自我們豁然貫通甚至是思考的時候。

藝術也會帶來樂趣，雖然要精通一門藝術，經常得每天解決問題和困難。讓我們舉雕塑家羅丹為例，他能把巨碩的大理石塊鑿成最光滑、最優雅的軀體。

　　發展孩子的創造力及美術能力也能讓他們學會解決問題，找到想出好點子的辦法。創意能加強自我表達能力，孩子越是覺得自由，表達的內容越個人越獨樹一格。他們在藝術創作時會有種感覺，好像發生了什麼「神奇」的事，因為他們發現一些之前沒有想到會「攜帶」的情緒和感覺。這些情緒在創作當中浮現，並體現在作品中。

　　哲學思考和藝術創作都是讓我們適應世界，抵抗那些伏爾泰口中「吹熄明燈」之人的大好良機。我們期待這本書可以喚醒你們對哲學及藝術的好奇心，鼓勵你們花時間一起哲學思考、創作和觀察，進行豐富的交流，共享快樂的時光。

參考書目

第一章

DESCARTES René, *Méditation métaphysiques, Objections et réponses,* Flammarion, 2014.

FREUD Sigmund, *Sur le rêve*, Payot, 2016.

NERVAL Gérard de, *Aurélia*, Folio, 2005.

ROUSSEAU Jean-Jacques, *Les Rêveries du promeneur solitaire*, Flammarion, 2011.

SHAKESPEARE William, *La Tempête*, coll. Théâtre, Livre de poche, 2011.

TCHOUANG-TSEU, *Aphorismes*, coll. Spiritualités vivantes, Albin Muchel, 2008.

第二章

ARISTOTE, *Parties des animaux*, Flammarion, 1997.

DESCOLA Philippe, *Par-delà nature et culture*, Gallimard, 2015.

EMERSON Ralph Waldo, *La Confiance en soi*, Rivages, 2018.

LÉVI-STRAUSS Claude, « Un entretien avec Jean-Marie Benoist », *Le Monde*, 21 janvier 1979.

PLATON, Protagoras, Flammarion, 2016.

第三章

NIETZSCHE Friedrich, *Considérations inactuelles I et II*, Folio essais, Gallimard, 1992.

ÉPICTÈRE, *Entretiens*, coll. Mille et une nuits, Fayard, 2005.

ÉRASME, *Éloge de la folie*, Flammarion, 2016.

FREUD Sigmund, *Malaise dans la civilisation*, Payot, Paris, 2010.

JEANGENE VILMER Jean-Baptiste, *Éthique animale*, coll. Éthique et philosophie morale, PUF, 2008.

第四章

ARISTOTE, *Éthique à Eudème*, coll. Bibliothèque des textes philosophiques, Vrin, 2007.

LA FONTAINE Jean de, *Fables*, coll. GF, Flammarion, 2019.

MONTAIGNE Michel de, *Essais*, coll. Quatro, Gallimard, 2009.

PLATON, *Le Banquet*, coll. GF, Flammarion, 2016.

SÉNÈQUE, *Lettres à Lucilius*, coll. Mille et une nuits, Fayard, 2002.

SPINOZA, *Éthique*, coll. Essais, Points, 2014.

第五章

SPINOZA, *Traité théologico-politique*, Flammarion, 1993.

VOLTAIRE, *Traité sur la tolérance*, Gallimard, 2017.

Morrison Toni, *L'Origine des autres*, Frassinelli, 2018.

POPPER Karl, *The paradoxe of tolerance*, Princeton University Press, 1971.

ROMILLY Jacqueline de, *La Douceur dans la pensée grecque*, Hachette, 1995.

第六章

BRUYN Pierre-Henry de, *Le taoïsme. Chemins de découverte*, CNRS, 2014.

ÉPICURE, *Lettre à Ménécée*, Flammarion, 2011.

JANKÉLÉVITCH Vladimir, *La Mort*, Flmmarion, 1993.
LA ROCHEFOUCAULD François de, *Maximes*, Flammarion, 1999.
MONTAIGNE Michel de, *Essais*, Bouquins, 2019.
NIETZSCHE Friedrich, *Le Gai savoir*, Flammarion, 2020.
SÉNÈQUE, *Lettres à Lucilius*, Fayard, 2002.
SPINOZA, *Éthique*, Presses universitaires de France, 2020.

第七章

ARENDT Hannah, *La Crise de la culture*, Gallimard, 1989.
HAWKING Stephen, *Dernières nouvelles des trous noirs*, Flammarion, 2016.
KOYRÉ Alexandre, *Du monde clos à l'Univers infini*, Gallimard, 1973.
PASCAL Blaise, *Pensées*, Folio, 2004.
REEVES Hubert, *L'Avenir de la vie sur Terre*, Bayard, 2012.
RILKE Rainer-Maria, *Poèmes à la nuit*, Verdier, 2003.
VALERY Paul, *L'Univers, les dieux, les hommes*, coll. Récits grecs des origines, Seuil, 1999.
DUMONT Jean-Paul (dir.), *Les Présocratiques*, coll. Pléiade, Gallimard, 1988.

想和孩子一起深入瞭解並且探索太空，可以上 CNES（法國國家太空研究中心）的網站：
http : //jeunes.cnes.fr/fr/

圖片來源

夢：
• Juan Gatti, « Ciencias sociales ». (2017) Illustration/collage

自然：
• 蜂鳥照片 / flickr / 來自 Becky Matsubara

動物：
• 烏龜照片 / Fotolia / 來自 cristi180884
• 狐狸照片 / fotolia / 來自 Menno Schaefer
• 狐狸照片 2 / Rawpixel
• 狼照片 / Fotolia / 來自 H. Kuchera
• 人體插圖 / Rawpixel
• 章魚插圖 / Rawpixel

愛情與友情：
• Rafael Dias – Kin Jin « Space girl ». (2015) art/collage; (photographie) August Sander « Girl in Fairground Caravan ». (1962) photographie argentique.
• Fify Mandirac, extrait de l'ouvrage All you need is papier, First, 2019.
Photographies : ©Angie Gadea, ©Fanny Roger et ©Catherine Delahaye

致謝

我們由衷感謝桑德拉・孟華（Sandra Monroy），在本書的製作過程中，從頭到尾都對我們滿懷信心。我們也對我們忠實的校稿員伊莎貝拉（Isablle）和卡特琳・馬爾布洪克（Catherine Malbranque），以及所有直接或間接協助本書出版的人致以感激。

我們還要感謝塞巴斯欽・格德祿（Sébastien Gaudelus）、瓦蕾莉・侯班（Valérie Robin），讓我們得以在巴黎的龐畢度中心的公共資源圖書館裡辦我們的Philomoos工作坊。這個工作坊便是本書的起源。

最後我們要謝謝在工作坊遇到的每位兒童和青少年，帶給我們靈感和動力。

安姬：我特別要感謝我親愛的紀堯姆（Guillaume），謝謝他一直以來的支持和無邊的耐性。我還要衷心感謝我的父母和弟弟路易・嘉德亞（Luis Gadea）的鼓勵和無條件的愛。

芬妮：我要謝謝我的朋友與他們的孩子，他們啟發我的每一篇童話。我要特別感謝瑪莉安・馬蒂內（Marianne Marinet），她在我剛開始寫這本的時候，建議我把**和孩子一起提問**擺在第一順位。謝謝我的家人和父母。謝謝聖-里沃亞爾（Saint-Rivoal）的居民在我撰寫本書時的接待和善意，還有特別是蘇菲（Sophie）、艾利絲（Elise）、格魯柏（Gruber）和聖-里沃亞爾市公所（I'interco）的協助。

Similitudes

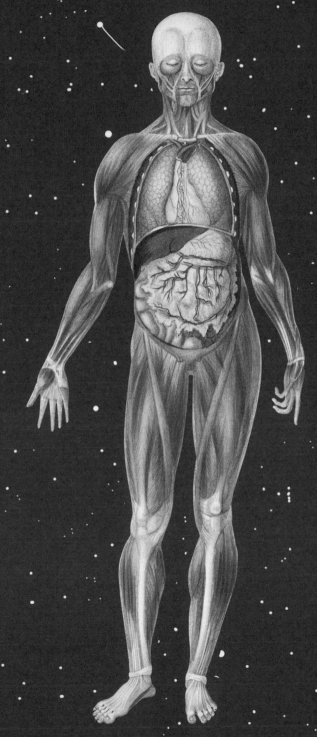

L'espèce humaine & Les animaux

LE CARNET DU COEUR

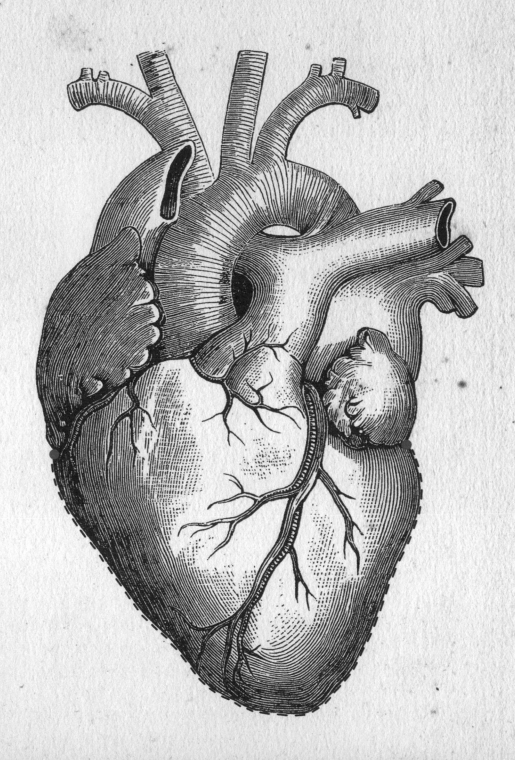